Vegi-Verlag

Wegbereiter des Friedens

Die lebendigen Philosophien der Bishnois und Jains

Von Herma Brockmann und Renato Pichler

Impressum:

Bildernachweis:

Bishnoi-Kapitel und Titelbild: Harsh Vardhan

Jains-Kapitel: Aus dem Buch «JAINSIM – A Pictorial Guide to the Religion of Non-Violence». Mit freundlicher Genehmigung von Martha Titze, der Frau des kürzlich verstorbenen Autors.

Korrektorat: Josie Wendt

Verlag: Vegi-Verlag, 9466 Sennwald/Schweiz; verlag@vegetarismus.ch

Herstellung: Books on Demand (Schweiz) GmbH

ISBN 3-909067-02-6

Erscheinungsdatum: November 2001

Digitaldruck auf chlorfrei gebleichtem Papier

Titelbild: Sugan Singh Bishnoi, die Frau von Hanuman Singh Bishnoi, Mitglied des WWF-Rajasthan-Komitees.

Letzte Umschlagseite: Schwarzbock-Antilope.

Inhaltsverzeichnis

Einleitung 7

Kapitel 1: Die Bishnois 9

Die Affäre Khan 10
Pazifisten auf dem Kriegspfad 14
Das Opfer der Amrita 17
Der Seher Jambeshwar 21
Eine karge Heimat 25
Die Wüste Thar 27
Krisenresistente Wüstenregion 29
Kennenlernen 34
Eine Romanze mit der Natur 41
Chipko 45
Bish-noi – neunundzwanzig 50
Anhang zum Bishnoi-Kapitel von Harsh Vardhan 52
Bishnoi-Faszination 52
Pipasar 54
Ein pflichtbewusstes Leben 59
Harsh Vardhan 64

Kapitel 2: Die Jains 65

Endpunkte des Regenbogens? 66
Der gemeinsame Weg 68
Eine Religion mit hohen Idealen 70
Ewiges Leben, neue Formen 72
Sie besitzen viel. Sie verschenken viel. Sie sorgen für andere 73
Leben und leben lassen! 76
Uralte Weisheiten zeigen den Weg 78
Verteilung der Jains in Indien (1971) 79

Kapitel 3: Auf der Suche nach Harmonie 81

Anhang 86

Internetadresse zu diesem Buch 87

Danksagung

Jede Reise, mag sie auch noch so lang sein, beginnt mit dem ersten Schritt, wie auch jedes Buch mit dem ersten Wort seinen Anfang nimmt. In beiden Fällen ist nicht klar, ob und wie man sein Endziel erreichen wird und welche Hindernisse sich unterwegs zeigen können. Daher freut man sich über Weggefährten, die einem Gesellschaft leisten, Richtungen weisen, auf falsche Strecken aufmerksam machen und bei Stillstand motivieren. Wir haben bei unserem Projekt so viel Unterstützung erfahren, dass wir uns dafür an dieser Stelle bei allen bedanken möchten, und zwar ganz besonders bei Harsh Vardhan, Christel und Toby Westoby, Vasudev Murthy, Dilip Bafna, Josie Wendt, Ajit Benadi, Fredy Forster und bei Frau Martha Titze für die Erlaubnis, die Bilder aus dem Buch ihres Mannes für das Jaina-Kapitel übernehmen zu dürfen.

Danke! Eure Unterstützung ist uns eine entscheidende Hilfe gewesen!
Herma Brockmann und Renato Pichler

Einleitung

Haben Sie sich schon einmal überlegt, weshalb Sie kaum Rehe, Hirsche, Wildschweine oder Eichhörnchen sehen, wenn Sie im Wald spazieren gehen? Es liegt nicht daran, dass diese Tiere bei uns ausgestorben sind. Auch die beliebte Erklärung, dass es nun mal scheue Tiere seien, die sozusagen genetisch zur Flucht verpflichtet sind, wenn ein Mensch den Wald betritt, ist nur eine bequeme Ausrede. Nur allzu oft nimmt man dies zum Vorwand, um sich indirekt zu sagen, dass man selbst ja nichts dafür kann.

Heute haben sich die Menschen darauf eingestellt, dass sie nicht Teil der Natur sind, sondern der Natur das gewaltsam abverlangen müssen, was sie von ihr erwarten. Wenn man grössere Tiere aus der Nähe ansehen will, geht man deshalb nicht einfach in die Natur hinaus, sondern in einen Zoo, Zirkus oder Tierpark, wo die Tiere keine Möglichkeit haben zu fliehen. Oder man begnügt sich mit den so genannten Nutztieren, welche eingezäunt oder eingesperrt keine Fluchtmöglichkeit haben. Und wem dies nicht ausreicht, der kauft sich ein so genanntes Haustier, das er, dank den geltenden Gesetzen, als Eigentum behandeln kann und das ihm demzufolge jederzeit zur Verfügung stehen muss.

Doch geht es nicht auch anders? Müssen wir uns mit solchen Ersatzbefriedigungen unserer natürlichen Bedürfnisse nach einem harmonischen Zusammenleben mit unseren tierischen Mitgeschöpfen begnügen?

Unsere Lebenserfahrung bestätigt uns darin, dass dies offenbar so sein muss, schliesslich war es gemäss der uns bekannten Menschheitsgeschichte schon immer so, dass man grössere Tierarten nur aus der Nähe zu Gesicht bekommt, wenn man diese entweder an der Leine führt, einsperrt oder tötet.

Dass dies jedoch keinesfalls einem Naturgesetz entspricht und dass sogar im Gegenteil selbst die ängstlichsten Tiere, wie zum Beispiel wilde Gazellen, bei entsprechender Behandlung gerne die menschliche Nähe aufsuchen und mit Menschenkindern spielen würden, zeigt Ihnen dieses Buch.

Wir hoffen, dass die folgenden Texte möglichst viele Menschen zum Überdenken tiefsitzender Vorurteile bewegen und man von dem heutigen, buchstäblich mörderischen Umgang mit der Natur wegkommt. Es schadet auf Dauer nicht nur den Tieren, sondern auch der menschlichen Psyche, wenn das jetzige durch den Menschen verursachte Ungleichgewicht in der Natur durch das hinterhältige Töten friedfertigster Tiere (Jagd genannt) weiter aufrechterhalten wird. Unter den heutigen Umständen ist es nur allzu verständlich, dass kaum ein Tier sich freiwillig in der

Nähe von Menschen aufzuhalten wagt. Die Tiere spüren praktisch tagtäglich, dass sie von den meisten Menschen ausgeschlossen sind, wenn diese von Nächstenliebe und Gewaltverzicht sprechen.

Es wird sicher noch einige Zeit brauchen, bis die Menschheit das alte Denkmuster der Dreiteilung der Tierwelt in Heimtiere, Nutztiere und Wildtiere zu überwinden vermag. Manch alte Gewohnheiten müssen dazu völlig neu überdacht und geändert werden. Nicht nur die direkteste Form der Erniedrigung unserer Mitgeschöpfe zu reinen Nahrungsressourcen (welche sich im Fleischkonsum ausdrückt) oder zu Modellen bei Tierversuchen, sondern auch unser Freizeitverhalten (Pferde- und Hunderennen, Stierkämpfe ...) und manch anderes bedarf einer grundsätzlichen Neuausrichtung.

Die Tiere wären bereit für ein friedliches Zusammenleben, welches für beide Seiten von grossem Nutzen sein könnte. Sind wir es auch?

Renato Pichler
Präsident der Schweizerischen Vereinigung für Vegetarismus (SVV)

Kapitel 1:

Die Bishnois

«Die Grösse und den moralischen Fortschritt einer Nation kann man daran messen, wie sie die Tiere behandelt.»

Mahatma Gandhi

Die Affäre Khan

«Wenn jemand in unserem Gebiet einen Vogel töten oder einen Baum fällen will, werden wir ihn erwischen.»

Sukhram aus dem Dorf Guda Bishnoi

Hatten sich für die umschwärmten indischen Leinwandhelden die Grenzen zwischen Phantasie und Realität verwischt oder waren die Dreharbeiten für den neuen brutalen Action-Film die Ursache für eine Art von Blutrausch geworden? Wollten Salman Khan und seine Freunde die Feudalherrscher von einst imitieren, deren Status nach den von Jagdausflügen mitgebrachten Souvenirs beurteilt wurde? Oder hatten die arroganten jungen Leute einfach nur angenommen, sich im Herbst des Jahres 1998 ungestraft etwas erlauben zu können, wofür ein normaler Sterblicher bis zu sieben Jahren unter verschärften Haftbedingungen eingesperrt werden kann?

Wie auch immer: In den Drehpausen ging Salman Khan mit Freunden und Kollegen auf Jagdausflüge, bei denen sie entweder Tiere töteten oder aber mit ihrem Jeep, nur so zum Spass, zutrauliche Antilopenherden bis zur vollständigen Erschöpfung hetzten. Nach einem dieser unglückseligen Ausrutscher soll sogar das Küchenpersonal des Luxushotels in Jodhpur, in dem die Gesellschaft untergebracht war, morgens um zwei aus dem Bett gescheucht worden sein, um das verbotene Fleisch zuzubereiten – und sich dadurch auch schuldig zu machen.

Waren die schiesswütigen Stars denn wirklich von allen guten Geistern verlassen? Wenn auch die Jagd überall in der Welt leider nichts als ein banales Ereignis ist, das sogar als «Sport» bezeichnet werden darf, so handelte es sich hier um einen doppelten Gesetzesbruch: Erstens wurde streng geschütztes Wild getötet, nämlich zierliche indische Gazellen namens Chinkara und seltene Schwarzböcke, und zweitens passierte es auch noch mitten im Herzen des Bishnoi-Gebietes! Es gab viele Augenzeugen!

Aber wie der Krug so lange zum Brunnen geht, bis er bricht, so transportierte auch der mittlerweile blutbefleckte Jeep die Jagdgesellschaft einmal zu oft!

Am 1. Oktober hatten die jungen Reichen und Mächtigen wieder zwei Tiere erschossen und waren dabei von den Bewohnern eines in der Nähe von Jodhpur gelegenen Dorfes erwischt worden. Sofort wurde von den erbosten Bürgern Strafanzeige gestellt und die Jetset-Gruppe ein paar Tage später, nämlich am 12. Oktober, verhaftet und der Wilderei einer bedrohten Tierart in einem Schutzgebiet Rajasthans angeklagt. Khan erlebte dadurch die zweifelhafte Ehre, die erste in diesem Bundesstaat festgenom-

Indische Gazellen können rund um die Bishnoi-Dörfer in der Wüste Indiens beobachtet werden.

mene Person zu sein, seit eine verschärfte Gesetzgebung zum Schutz der Tierwelt in Kraft getreten war.

Während seine Freunde gegen Kaution schnell wieder freikamen, hielt man Salman Khan eine Woche lang fest. Wenn auch die Verpflegung weiterhin vom Bruder des Eingesperrten aus seinem Luxushotel herangeschafft wurde, standen doch statt unterwürfiger Zimmerkellner nun bewaffnete Wärter vor seiner Tür. Aber der Angeklagte blieb unbeeindruckt und stritt alles gegen ihn Vorgebrachte rundweg ab. Seinen Anwalt liess er sogar in die Offensive gehen: «Entweder wurden diese Anschuldigungen von Leuten gemacht, die selbst schuldig sind und sich besser mit ihren eigenen Verstössen auseinandersetzen sollten, oder von den Bishnois, denen ihre Verehrung für Tiere ohnehin das Hirn vernebelt.»

Zunächst schien sich auch tatsächlich alles im Sinne der Prominenz zu entwickeln! Ein Amtstierarzt bestätigte sogar, dass die Tiere durch Überfressen und einen falsch angesetzten Sprung ums Leben gekommen seien. Die Tiere wurden an der Stelle begraben, wo man sie gefunden hatte. Der Prozess drohte im Sande zu verlaufen und dadurch die offensichtliche Sorglosigkeit des berühmten Eingekerkerten zu bestätigen.

Die Bishnois schäumten vor Wut und drückten ihre unmissverständlichen Empfindungen über dieses, ihrer Auffassung nach geradezu schändliche Vergehen durch Demonstrationen und Streiks aus. Natürlich liebten die Medien solche saftigen Skandale, vor allem im Zusammenhang mit Superstar Khan! Man berichtete also genüsslich und in allen Einzelheiten, so dass unter zunehmendem Mediendruck die Autopsie der getöteten Tiere wiederholt werden musste. Sie wurden wieder ausgegraben und ein Team von Veterinären nahm eine erneute Untersuchung vor. Das Ergebnis überraschte niemanden: erschossen!

Es wurde ungemütlicher für Salman Khan! Endlich klaffte ein Loch in der Binsenwahrheit, dass Reiche und Berühmte sich alles ungestraft erlauben können, denn mittlerweile schallte die lautstarke Empörung der Bishnois auch bis in die Büros von Politikern. Dort war man sensibilisiert, weil wegen anstehender Wahlen die Bishnoi-Stimmen in mehreren Wahlbezirken als das Zünglein an der Waage beurteilt wurden. Die Regierungspartei wie auch die Opposition übertrafen sich also gegenseitig mit Forderungen nach hartem Durchgreifen im Interesse dieser Glaubensgemeinschaft und deren bewundernswürdiger Philosophie.

Natürlich wurden auch die Bishnois selbst, für die das Töten von Tieren eine Sünde ist, nicht müde, allerstrengste Bestrafung zu fordern. Voller Bitterkeit wiesen sie darauf hin, dass die mittlerweile durch ständigen menschlichen Kontakt zahm gewordenen Tiere an einem heiligen Ort ihrer Region getötet worden waren, und zwar ganz in der Nähe von Guda Bishnoi. Dort hatten viele ihrer Vorfahren vor Jahrhunderten ihr Leben bei einem Protest gegen das Fällen von Bäumen hingegeben.

Wer damit gerechnet hatte, dass schon irgendwann Gras über die Wilderei wachsen und die Lage sich beruhigen würde, hatte nicht mit der Hartnäckigkeit von Naturschützern gerechnet, wobei sich besonders die *Tourism and Wildlife Society of India* in Jaipur engagierte und zum Boykott der wildernden Filmstars aufrief.

Der Erfolg des gerade mit Khan gedrehten Films schien gefährdet, so dass man im indischen Filmzentrum mit dem interessanten Namen «Bollywood» wegen all der negativen Schlagzeilen ziemlich unruhig wurde. Ein Produzent: «Wie kann man nur so verantwortungslos sein! Ich weiss nicht, was die Typen genau verbrochen haben, aber etwas mehr Verantwortungsgefühl hätte man schon erwarten dürfen.»

Der *World Wildlife Fund* reagierte schnell und tauschte kurz entschlossen ein Foto Khans gegen das eines anderen Filmstars in seinem Kalender für 1999 aus, obwohl einige Serien schon gedruckt waren – laut *The Hindu* wollte der WWF nach dieser hässlichen Affäre nicht mehr mit Mr. Khan in Verbindung gebracht werden.

In einem Editorial von *The Hindu* mit der Überschrift «Wüstensturm» wurde die Regierung von Rajasthan aufgefordert, «... keine Mühe zu scheuen bei der eindeutigen Klarstellung, was wirklich geschehen ist, und dann die Schuldigen entsprechend zu bestrafen. Das wird, besser als alles andere, beweisen, dass niemand, wie reich und berühmt er auch sein mag, mutwillig das kostbare Tierleben unseres Landes zerstören darf.»

Der *Indian Express* aus Bombay schrieb über die Affäre: «Jede Tierart ist ein Symbol unseres Artenreichtums und muss beschützt werden. Dies ist aber nur möglich, wenn das öffentliche Bewusstsein so wach ist, dass ‹Salman Khans› nicht ungeschoren davonkommen können.»

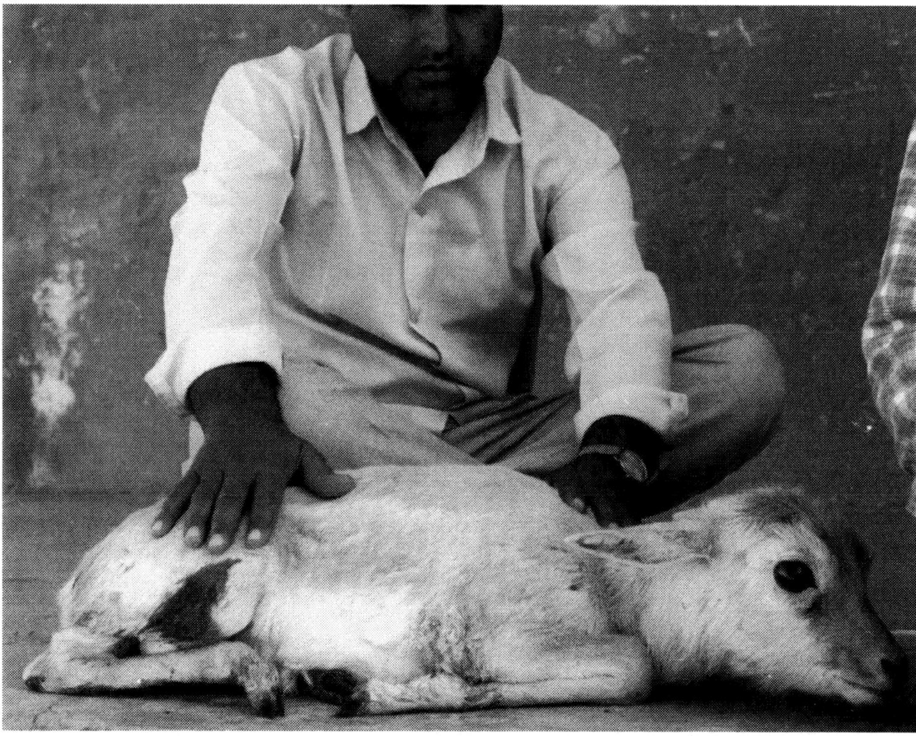

Eine gerettete junge indische Gazelle, die von Hunden verletzt wurde, wird gesund gepflegt.

Wenn in diesem Fall vielleicht auch nicht das öffentliche, so war doch das Bewusstsein der Bishnois «wach» genug gewesen! Und im Zusammenhang mit der «Affäre Khan» erfuhren viele Zeitgenossen so auch zum ersten Mal von der Existenz dieser einzigartigen Glaubensgemeinschaft kompromissloser Naturschützer und deren erstaunlicher Philosophie eines harmonischen Miteinanders von Menschen mit Flora und Fauna.

Pazifisten auf dem Kriegspfad

«Wir sind stolz darauf, dass die nachwachsende Generation noch mehr für die Umwelt kämpft als wir.»

Bana Ram

Nun standen die Bishnois also plötzlich im Rampenlicht, obwohl sie eigentlich nichts mehr wünschen, als in Ruhe nach ihrer eigenen Überzeugung leben zu können. Sie waren unfreiwillig Helden in einem Öko-Drama geworden, denn welcher Leser ist nicht gern Zeuge von Auseinandersetzungen zwischen Gut und Böse, Recht und Unrecht? Wer liebt nicht das Kräftemessen vieler kleiner Davids gegen einen mächtigen Goliath?

Aber wie in den meisten Gerichtsangelegenheiten hat sich auch hier jede Hoffnung auf eine schnelle Aufklärung und entsprechende Bestrafung nicht erfüllt. Selbst zum Zeitpunkt der Entstehung dieses Buches, also mehrere Jahre später, ist die «Affäre Khan» immer noch nicht abgeschlossen.

Einen Trost gibt es aber trotzdem: Dieser Skandal und die bei einer Schuldigsprechung zu erwartenden saftigen Haftstrafen schrecken ab. Und deswegen dürften sowohl die Schwarzböcke wie auch die Chinkaras und andere Tiere in den Bishnoi-Gebieten vermutlich etwas mehr Sicherheit geniessen, wenigstens im Augenblick.

Aber wer sind eigentlich diese Menschen, die seit Jahrhunderten in grosser Harmonie mit einer fordernden und harten Umwelt leben und deren einzigartige Philosophie sich in unseren Tagen fast nebenbei und auf so ungewöhnliche Art verbreitete? Was sind ihre Motive, sich wegen einiger erlegter Tiere gemeinsam und wild entschlossen auf den Kriegspfad zu begeben?

Und was war eigentlich geschehen in jener schicksalsträchtigen Nacht des 1. Oktober 1998, als der übermütige junge Filmstar sich in eine Gegend wagte, die er besser nicht hätte betreten sollen?

Nach der Darstellung in mehreren Zeitungen muss es sich wohl so abgespielt haben: Kurz nach Mitternacht von Schüssen hochgeschreckt, waren die Bewohner von Guda Bishnoi aus den Betten gesprungen mit der grimmigen Absicht, ihre geliebten Schwarzböcke erneut gegen irgendwelche verrückten, schiesswütigen Gesetzesbrecher zu verteidigen. Aber sie waren zu spät gekommen.

«Ich sah ihren Jeep vorbeirasen und mir platzte fast der Kopf vor Wut», berichtete der 68-jährige Prahlad Ram später, «wir alle schrien und gestikulierten, aber sie hatten die Tiere schon erschossen. Diese Tiere sind uns heilig, deren Leben ist für uns wichtiger als unser eigenes.»

Immerhin hatten es zwei Dorfbewohner geschafft, mit Motorrollern nahe genug an den Wagen der Wilderer heranzukommen, um die Nummer notieren zu können. Wenn auch die beiden Kundschafter sofort vermutet hatten, den berühmten Salman Khan erkannt zu haben, so hatte die entdeckte Prominenz aber keinesfalls die allgemeine Wut abgeschwächt. Im Gegenteil!

«Niemand, ganz gleich wie mächtig, sollte über dem Recht stehen. Wenn wir ihn erwischt hätten, hätte er eine ordentliche Tracht Prügel bezogen», bestätigte der gross gewachsene, hagere Choka Ram.

Dazu muss angemerkt werden, dass das Verprügeln von ertappten Gesetzesbrechern das bevorzugte Strafmass der Bishnois in solchen Fällen ist. Sie nehmen nämlich, trotz aller offiziellen Ermahnungen, nach wie vor gern das Recht in die eigenen Fäuste, weil sie dem normalen Rechtssystem nicht vertrauen. Man munkelt, dass Salman Khan eigentlich noch Glück im Unglück gehabt hatte dadurch, dass er nach seinem Entdecktwerden unbeschadet den Dorfbewohnern hatte entkommen können.

Die Bishnois sind nämlich nicht nur furchtlos bei der Verteidigung ihrer Schützlinge, sondern auch furchtbar in ihrer Wut auf den, der von ihnen auf frischer Tat ertappt wird.

So haben sie zum Beispiel im Jahre 1995 sogar den Start eines Hubschraubers der Luftwaffe verhindert, dessen Crew nach einer Jagd aus der Luft gelandet war.

Im Oktober 1996 stellten sich Bishnois einer Gruppe von Wilderern entgegen, um einer indischen Gazelle das Leben zu retten. Einer der Verteidiger namens Nihal Chand Bishnoi wurde dabei angeschossen, starb auf dem Weg ins Krankenhaus und wurde somit nach der Überzeugung der Bishnois zum Märtyrer.

Die Bishnois glauben, dass allen Lebensformen gleiche Rechte zustehen und dass diejenigen, die bei der Verteidigung von hilflosen Tieren und Bäumen sterben, ihren Platz im Paradies sofort erworben haben. Durch die Ermordung von Nihal Chand Bishnoi rückte aber auch die unbestreitbare Tatsache der zunehmenden Wilderei ins Bewusstsein der Öffentlichkeit. Hilfsversprechen wurden abgegeben, und die Witwe wurde später sogar von Hanuman Singh Bishnoi, einem Mitglied des WWF-Rajasthan-Komitees, besucht.

1998 haben die weiss gekleideten Rachegötter einen Offizier, den sie bei der Jagd erwischt hatten, windelweich geprügelt.

Wilderer in Rajasthan hüten sich also davor, in die Hände der Bishnois zu fallen, die keineswegs zimperlich sind in der Erteilung von Lektionen und dabei auch recht erfinderische Methoden entwickelt haben. So haben sie eines Tages einen auf frischer Tat ertappten Frevler ausgezogen und ihn gezwungen, eine Weile bei fünfzig Grad im Schatten im Wüstensand zu braten.

Aber auch mit Mitgliedern eines Nachbarstammes legten sich die Bishnois an, nachdem diese verdächtigt wurden, in der Nähe des Ortes Sanwatsar im Churu-Distrikt von Rajasthan mehr als zwanzig Chinkaras und einige Pfauen, Nationaltiere Indiens, getötet zu haben. Aufgebrachte Tierschützer umzingelten die hiesige Polizeistation und erreichten so fünfzehn Festnahmen und später sogar die Suspendierung von einigen Polizeibeamten, die das Massaker nicht verhindert hatten.

Aufgrund all dieser Vorkommnisse und Gesetzesvergehen fordern die Bishnois nun, wie Nachrichtenagenturen in Indien meldeten, sich bewaffnen zu dürfen, um sich und die bei ihnen schutzsuchenden Tiere selbst und ohne Hilfe durch staatliche Organisationen verteidigen zu können. Nach ihrer Philosophie ist zwar Sanftheit eine der wichtigsten Lebensregeln, aber sie wollen sich gegen Übergriffe und Frevel wehren können, und zwar mit allen Mitteln.

Es darf also niemanden verwundern, wenn viele Bishnoi-Anhänger über die Jahrhunderte schon ihr eigenes Leben geopfert haben, um das von Tieren zu schützen. Aber die Bishnois gehen noch viel weiter! Sie lassen sich sogar köpfen, um das Abholzen von Bäumen zu verhindern.

Ein Schwarzbock in der Nähe von Guda Bishnoi, wo die Filmstars wilderten.

Das Opfer der Amrita

«Wir glauben daran, dass man für das, was man in diesem Leben tut, im nächsten Leben bezahlen wird.»

Teja Ram

Stamm und Borke eines Khejri-Baumes (P. cineraria) in der Thar-Wüste.

Im Jahre 1730 benötigte der Maharadscha Abhay Singh von Jodhpur Holz für die Errichtung einer neuen Festung. Da die Bishnois seiner Forderung nach Holzlieferung nicht nachkommen und auch keine Ersatzzahlungen leisten wollten, schickte der Herrscher seine Soldaten in die Dörfer, um dort Khejri-Bäume (Propopis cineraria) zu fällen. Diese Bäume, die selbst unter schwierigsten Lebensbedingungen noch gedeihen, werden von jeher von den Bishnois verehrt – und bieten ihnen im Gegenzug dafür Schatten, Nahrung, Baumaterial, feuchte Böden, Schutz und gute Luft.

Als Amrita Devi von der sich anbahnenden Gefahr gehört hatte, begab sie sich, gefolgt von Angehörigen und Nachbarn, an den Ort des Geschehens, Khejarli (übersetzt: Ort, an dem der Khejri-Baum wächst), und versuchte, die Holzfäller von ihrem Tun abzuhalten. Nachdem aber alles gute Zureden nichts half, klammerte sie sich schützend an einen Baum. Die Soldaten machten kurzen Prozess und enthaupteten die Frau, deren letzte Worte in die Geschichte eingehen sollten: «Ein abgehackter Kopf gilt weniger als ein lebender Baum!»

Obwohl die Soldaten gewarnt hatten, dass jeder andere, der sich ihnen noch in den Weg zu stellen wagte, das Schicksal der Amrita teilen würde, folgten die drei Töchter Amritas dem Beispiel und wurden auch umgebracht. Männer, Frauen und Kinder traten vor, umarmten die Bäume und liessen sich von Äxten zerhacken. Einer nach dem anderen starb: Andoji, Virto, Vanial, Chaboji und Udoji, gefolgt von Kanhoji, Kishoji und Dayarayaji ...

Die schreckliche Nachricht verbreitete sich wie ein Lauffeuer, so dass aus dreiundachtzig umliegenden Dörfern Menschen herbeiströmten mit der Bereitschaft zum äussersten Opfer – sie gaben ihr eigenes Leben für die Bäume.

Als der Maharadscha die Schreie von Zeugen des Massakers hörte, die an seinen Hof gerannt waren, begab er sich selbst nach Khejarli und beendete das Massaker, nachdem es schon das Leben von 363 Bishnois gekostet hatte. Der Herrscher war erschüttert und so beeindruckt vom dramatischen gewaltlosen Protest, dass er versprach, in Zukunft die Überzeugung der Bishnois zu ehren. Er verbot Jagd und Holzfällen in ihrem Gebiet mit einem Gesetz, das heute noch in Kraft ist.

Zur Erinnerung an das blutige Geschehen, das als «das grosse Opfer von Khejarli» in die Geschichte eingegangen ist, werden dort jedes Jahr Khejri-Akazien gepflanzt. Überhaupt gehört das Anlegen von Hainen seit dieser Zeit zu einer der wichtigsten religiösen Pflichten.

Mag die Sage der Amrita auch ohne Parallele in der Geschichte des Naturschutzes sein und das Ausmass der Bishnoi-Opferbereitschaft am deutlichsten demonstrieren, so waren diese Frau und deren Familienmitglieder und Freunde doch keinesfalls die einzigen, die das eigene Leben für ihre Überzeugung hingegeben haben. Über die Jahrhunderte hinweg opferten sich immer wieder Mitglieder dieser Glaubensrichtung für den Schutz von Tieren und Bäumen.

Die erste Selbstaufopferung dieser Art soll im Jahre 1604 im Dorf Ramsari in der Nähe von Jodhpur stattgefunden haben: Zwei Bishnoi-Frauen namens Karma und Gora liessen sich köpfen aus Protest gegen das Fällen von Bäumen – dies sind die ersten Selbstaufopferungen (sakas) in der indischen Geschichte, die für Bäume stattgefunden haben. Man weiss so gut wie nichts über die Täter, aber die Bishnoi-Sagen erglühen immer noch mit lyrischen Erzählungen von Karma und Gora, die als eine nie versiegende Quelle moralischer Kraft empfunden werden.

Ein weiterer Vorfall ähnlicher Art ereignete sich 1643 in Polawas, nahe Merta/Nagaur. Als für ein Fest zu Ehren der Göttin Holi Bäume gefällt worden waren, beging ein Bishnoi aus Protest Selbstmord.

Die Khejri-Bäume sind schon von jeher besondere Freunde dieser Menschen. Viele Legenden berichten daher von jenen Märtyrern, die ihr eigenes Leben für deren Erhalt hingegeben haben: Selbstaufopferung wird in dieser Gesellschaft als letzter Ausweg akzeptiert. Für uns, die wir, mit welcher Sorge auch immer, die nicht aufhörende Zerstörung von Wäldern überall in der Welt beobachten, bleibt diese einmalige Opferhaltung trotzdem unfassbar.

Das stille Dorf Khejarli besteht immer noch und liegt nur 30 km südlich von Jodhpur. Eine geteerte Strasse führt in den Ort, der aus einer Ansammlung von verstreut liegenden Hütten und einem Teich besteht. Ein kleines Gebäude, welches von den Einwohnern als Tempel bezeichnet wird, erinnert an die 363 Bishnois, deren Selbstlosigkeit ganz Indien immer noch zu inspirieren scheint.

Indische Gazellen und Schwarzbock-Antilopen weiden rund um diesen Schrein der Massenselbstaufopferung als Zeichen, dass in dieser Region der Bishnois die wilden Tiere und deren Vegetation geschützt sind.

Man nimmt sogar an, dass Mahatma Gandhi durch diese extreme Opferbereitschaft verstand, in welchem Mass einfache Menschen bereit sein können zum Widerstand. Wenn sie nur stark genug an etwas glauben, wird selbst brutalste Macht bei der Konfrontation mit einer solchen Entschlossenheit irgendwann ins Wanken geraten. Seine Theorie des zivilen Ungehorsams könnte auch durch Khejarli inspiriert worden sein!

Ein Denkmal für die 363 Bishnois, die vor Jahrhunderten ihr Leben für Khejri-Bäume opferten.

Aber auch die anderen Orte von «sakas», nämlich Ramsari und Polawas, gibt es immer noch, und zwar mitten im Gebiet der Bishnois. Dort findet man zahllose Khejri-Bäume neben einer eindrucksvollen Anzahl verschiedenster Büsche und Sträucher. Niemand hat die Erlaubnis, diese Gewächse auch nur anzutasten! Selbst Neuankömmlinge wissen, wie ungemütlich die Bishnois bei solchen Übergriffen werden können.

Die Frage nach der Grundlage für eine solche Motivation, die sogar den Selbsterhaltungstrieb überwindet, kann wohl nur mit dem Vorhandensein eines extrem stabilen moralischen Fundamentes beantwortet werden. Diese bemerkenswert stählerne Basis ist vor vielen Jahrhunderten gegossen worden durch jemand, der selbst mit Müh und Not gerade eine Hungersnot überlebt hatte.

Wahrscheinlich der älteste Khejri-Baum – mit einem Tempel in seinem Schatten (Pipasar).

Der Seher Jambeshwar

«Zeig den Menschen das Licht.»

Der Seher wurde in Pipasar im Nagpur-Distrikt von Rajasthan vor mehr als fünfhundert Jahren (1452) in eine kriegerische Kaste Rajasthans hineingeboren und zog später nach Mukam, wo er auch im Jahre 1537 im Alter von 85 Jahren starb. Heute erinnert ein massiver Tempel an ihn, in dem allerdings, anders als bei anderen Hindus und in Übereinstimmung mit den Prinzipien und Traditionen der Bishnois, keinerlei Reliquien zu finden sind. Dagegen ist das Bauwerk von einer eindrucksvollen Vielfalt heimischer Bäume umgeben, durch die zutrauliche Chinkaras und Schwarzböcke streifen, denn die Jagd gilt selbstverständlich in diesem Gebiet als Todsünde.

Schon als Kind fiel Jambeshwar durch aussergewöhnliche Nachdenklichkeit und nicht alltägliche Reaktionen auf und zog die Aufmerksamkeit seiner Mitmenschen auf sich. Ausserdem fühlte er sich durch täglichen Kontakt mit einer Vielzahl von Tieren immer stärker mit ihnen verbunden.

Dann schleuderte ihn eine Tragödie auf eine ganz andere Bahn: Eine Dürreperiode traf die Heimat des mittlerweile vierundzwanzigjährigen

Hier lebte und predigte Jambeshwar einige Monate (Jodhpur).

Mannes im Jahre 1476 und liess ihn als entsetzten Zeugen hilflos mit ansehen, wie bei der verzweifelten Suche nach Nahrung in seiner Umgebung die meisten Tiere geschlachtet und alle Bäume verfeuert wurden. Öde, Leere und Hoffnungslosigkeit breiteten sich schnell aus und eine Hungersnot folgte, die viele Menschen aus Rajasthan vertrieb.

Jambeshwar floh zwar nicht, aber er zog sich zurück, um in der Einsamkeit über das durchlittene Trauma zu meditieren. Während seines Einsiedlerlebens hatte er schliesslich eine Vision, die heute durch alle Forschungsergebnisse bestätigt werden kann, dass nämlich nur ein respektvolles Miteinander zwischen Menschen und der Natur Katastrophen und Not verhindern kann.

Eine Denkrichtung war geboren, die in ihrer praktischen Ausrichtung ihresgleichen sucht und die vor allem auch durch ihre Weisheit beeindruckt, hinduistische und islamische Elemente zu vereinen. So verehren die Bishnois Jambeshwar als einzigen Gott, da sie ihn als Inkarnation des «Hindugottes» Vishnu betrachten, beerdigen aber ihre Toten wie die Muslime, welche die Körper der heiligen Erde zurückgeben.

Der Seher widmete sich also der Aufgabe, seine Mitmenschen von den segensreichen Auswirkungen eines rücksichtsvolleren Umgangs mit der Natur zu überzeugen und damit ein ganz neues Bewusstsein zu schaffen. Tatsächlich gelang es ihm während vieler Jahre als Wanderprediger, diese «grüne» Botschaft zu vermitteln. Auch fand er schnell Anhänger, von denen einige seine Predigten und Lehren in Lieder umformten und auch von Wundern berichteten, die er getan haben soll.

Die Lehren Jambeshwars basieren auf Gesetzen, welche die Wichtigkeit von Tugenden wie Selbstdisziplin, Ehrlichkeit und Gewaltlosigkeit unterstreichen. Daraus entstanden die 29 Regeln, die auch der Religion schliesslich ihren Namen gaben, nämlich Bishnoi (Bish-noi bedeutet wörtlich übersetzt 29).

Leben und Taten des Religionsstifters, der nie geheiratet hatte, wurden besungen durch seinen Zeitgenossen Udoji Nain, der als einziger eine schriftliche Grundlage hinterlassen hat von den Predigten Jambeshwars. Man sagt vom Seher Jambeshwar, dass er sieben Jahre lang ein Kind war, 27 Jahre ein Cowboy und für den Rest seines Lebens ein heiliger Prediger, ein Gott des Volkes. Wo immer er auftauchte, errichtete man Meditationshäuser, von denen einige immer noch als Tempel bestehen, unter anderem in Mukam, Samrathal, Pipasar, Lohawat und Jamba.

Besonders anrührend ist in diesen Dokumenten die Tatsache, dass der Seher während seiner Wanderzeiten überall Wälder angelegt hatte, unter anderem eine heute noch blühende Khejri-Plantage in Rotu, einem Dorf an der Strasse zwischen Nagaur und Didwana. Aber Jambeshwar hat auch

Bäume gepflanzt, unter anderem einen in Lodipur, in der Nähe von Moradabad in Uttar Pradesh, unter dem sich immer noch die im Gebiet lebenden Menschen an Festtagen zu Ehren ihres geistigen Führers versammeln. Wenn man den Lebensweg Jambeshwars betrachtet, ist dessen Aufforderung, niemals einen grünenden Baum zu schlagen, keine Zweige abzuhacken und stets zu seiner Verteidigung bereit zu sein, keinesfalls verwunderlich.

Wenn auch andere Volksstämme sich vernünftigen ökologischen Regeln und der Wahrung von Ressourcen verschrieben haben, so gibt es doch nur wenige, die strengen Vegetarismus mit einem weise durchdachten Ethos praktischer Nutzung verbinden, der reiche Früchte trägt – und dies im wahrsten Sinne des Wortes.

Die neunundzwanzig Hauptgebote der Glaubensgemeinschaft betreffen alle Lebensbereiche, stellen eine umfassende Zusammenfassung moralischer und sozialer Wertvorstellungen dar und fordern tatsächlich nicht mehr und nicht weniger als eine intensive Symbiose mit der Natur: Hingabe an Gott, Mitleid mit allen lebenden Wesen und daraus folgend eine vegetarische Ernährung und einen umfassenden Schutz der Natur.

Es gibt viele Gebote und Verbote, die unter anderem zum Respekt zwischen Mann und Frau anhalten, Überlegtheit, Zufriedenheit und Toleranz einfordern und etliche Hygiene- und Reinheitsregeln festlegen. Auch werden keine Idole angebetet, sondern die Verehrung gilt lebenden Wesen in ihrer gegenwärtigen Tierform.

In den Entstehungsjahren der neuen Philosophie wurden in den trockenen Wüstengegenden die Gebote zum Schutz von Flora und Fauna schnell so populär, dass die Menschen sich ihnen mit Hingabe zuwandten. Besonders der Respekt vor Bäumen wurde rasch in den Alltag der Menschen integriert: Sie entwickelten sich zu Wohltätern und Beschützern von Tieren und Bäumen.

Forscher, fasziniert von dieser

Hier lebte und starb Jambeshwar. Ein Ort des Gedenkens in Mukam.

bemerkenswerten Philosophie, stellten bei unzähligen Unterhaltungen und durch eigene aufmerksame Beobachtungen fest, dass die jahrhundertealten Gebote auch heute noch für Männer, Frauen und Kinder absolute Wichtigkeit haben, und zwar gleichermassen konsequent in Theorie und Praxis. Auch Priester und Mitglieder der «nyati panch», einer in der Gemeinschaft respektierten Instanz zur Überwachung der Regeltreue, bestätigten diese wissenschaftliche Feststellung. In dem Kontext ist dann auch die Auswertung einiger Ausgaben des offiziellen Sprachorgans der Bishnois, «Jambh Jyoti», nicht überraschend, dass nämlich fast alle Beiträge dem Schutz von Tieren und Bäumen gewidmet waren.

Sollte man einen Bishnoi erwischen, der Fleisch gegessen oder einem Tier Schmerzen zugefügt hat, ist dieser Mensch gesellschaftlich erledigt. In den kleinen Dörfern der Bishnois ist es fast unmöglich, der allgemeinen Aufmerksamkeit zu entgehen, und so kommen Fehltritte schnell ans Tageslicht, was die Homogenität der Gruppe in Fragen der ökologischen Ethik ungemein stärkt. Vielleicht konnten diese Ur-Grünen es überhaupt nur mit Hilfe einer Kombination von Einsicht und Aufsicht in ihrer harschen Wüstenheimat schaffen, der Natur die Rücksichtnahme entgegenzubringen, die Jambeshwar vor all den Jahren von ihnen gefordert hat. Und es ist ganz offensichtlich, dass die Natur sich für diesen Respekt revanchiert!

Chinkara-Gazelle in einem heiligen Hain zwischen Mukam und Samrathal Dhora.

Eine karge Heimat

«Dieses ganze Gerede über den Schutz von Natur und Umwelt wäre viel wirkungsvoller, wenn jeder Mensch die Erde als lebendes, atmendes Wesen betrachten und für ihren Erhalt so kämpfen würde, wie wir dies tun.»

Johra Ram

Bishnois findet man auch im Hissar- und Sirsa-Distrikt von Haryana und in Abhor und Fazilka des Punjab, in Uttar Pradesh, in Gujarat, in Madhya Pradesh, Delhi und Mumbai. Hauptsächlich trifft man sie jedoch in den Distrikten Jodhpur, Nagaur, Bikaner, Barmer, Pali, Jalore und Sirohi, aber vor allem leben sie in der Gegend von Jodhpur. Der indische Bundesstaat Rajasthan ist einer der am dünnsten besiedelten Bundesstaaten mit der Hauptstadt Jaipur. Rajasthan ist gleichermassen bekannt für idyllische, gesetzlich geschützte Tierreservate und berüchtigt wegen der dort stattfindenden Atomversuche (1974 wurde in Rajasthan die erste indische Atomwaffe getestet).

Die in der Gegend herrschenden Witterungsverhältnisse kann man wohl mit Recht als extrem bezeichnen: Neunzig Prozent des jährlichen Niederschlags fallen während der Monsunperiode zwischen Juli und August, Temperaturen in den heissesten Monaten Mai und Juni erreichen 50 Grad

Ein Dorfbewohner transportiert Wasser auf dem Kamelrücken.

Celsius und Staubstürme können mit 140–150 km/h über das karge Land hinwegfegen.

Immer wiederkehrende Motive auf Postkarten, Broschüren, Fotos und Reisebeschreibungen sind lange Kamelreihen gegen den Hintergrund scharfkantiger Dünen, Reiter mit windzerfurchten Gesichtern unter knallbunten Turbanen in gleissender Sonne – die typische Wüstenidylle eben. Aber Rajasthan ist noch viel mehr, dort existiert heute ein dynamisches Nebeneinander von jeden Besucher hypnotisierendem, farbenfrohem Gestern und durchgestyltem High-Tech-Heute.

Offizielle Sprache ist Rajasthani mit einigen Dialekten, aber man spricht auch Hindi und Englisch. Die Bevölkerung lebt vorwiegend in dörflichen Gemeinschaften unterschiedlicher Dichte, in denen als Nutzvieh hauptsächlich Kühe, Schafe und Kamele gehalten werden. Gebräuche, Traditionen, Rituale und Kleidung sind mannigfaltig und sowohl Islam als auch Hinduismus werden praktiziert.

Hier werden verschiedene Getreidesorten, Erdnüsse, Sojabohnen, Raps, Leinsamen, Senf, Tabak und Baumwolle angebaut, aber man stellt auch synthetische Garne, Zement, Bildröhren, Chemikalien, Düngemittel und Elektronisches her.

Wenn auch die Verkehrswege noch nicht sehr entwickelt sind und nur verhältnismässig wenig Strassen und Eisenbahnen existieren, so kann man doch feststellen, dass es sich um eine dynamische Region handelt mit Platz für Traditionelles und Modernes.

Solch ein Kamelmarkt in der Wüste ist ein grosses Ereignis für die Dorfgemeinschaft.

Die Wüste Thar

«Wir fällen keine Bäume.»
Suda

Das uns interessierende Gebiet liegt im Nordwesten Indiens, nämlich in der Thar-Wüste, auch Grosse Indische Wüste genannt, einer mit Sanddünen bedeckten, lebensfeindlichen Öde, die mit ihren 200 000 km^2 über die Grenzen hinaus bis Pakistan reicht.

Es gibt Beweise, dass dieses Gebiet vor zweitausend Jahren noch mit dichtem Regenwald bedeckt gewesen sein muss. Zunehmender Bevölkerungsdruck jedoch und massloses Abholzen liessen Wälder schrumpfen und entblössten vollständige Bergrücken.

Heutzutage weiss jeder um die klimatischen Veränderungen, die derartigen Kahlschlägen folgen, nämlich eine langsam sich einstellende Verringerung des Regenfalles. Allmählich setzt sich dann das Rad eines Teufelskreises in Bewegung, wenn irgendwann Baumwurzeln den über Jahrhunderte gewachsenen Mutterboden nicht mehr halten können. Ein einziger starker Regenfall genügt manchmal schon, um die Erde eines ganzen Berghangs wegzuschwemmen, wodurch dieser nicht nur allmählicher Versteppung ausgeliefert ist, sondern wodurch auch die Flüsse erstickt und infolgedessen Ebenen überflutet werden: Aus einer einst fruchtbaren Zone wird eine Wüste.

Ein typisches Bishnoi-Dorf in der Thar-Wüste: Die Hütten stehen mitten in den Sanddünen, auf denen spärliches Wüstengras und ein paar Bäume wachsen.

Die Thar-Wüste zeigt sich heute als eine triste Region, bestehend aus von welligen Dünen durchbrochenen sandigen Ebenen und niedrigen, nackten Hügeln, den so genannten bhakars, die schroff dem umliegenden Flachland entsteigen. Als wären sie lebendig, verändern die Dünen sich unaufhörlich und nehmen die verschiedensten Formen und Grössen an, ältere können dagegen gelegentlich in einer halb- oder stabilen Formation erstarrt sein und Höhen von 150 Metern erreichen. Die Vegetation besteht aus krautartigem oder verkrüppeltem Gebüsch und dem stämmigen Khejri-Baum, der sich in seiner Anspruchslosigkeit selbst in den unwirtlichsten Gegenden behaupten kann.

Aber an den eigentlich genauso unfruchtbaren Rändern dieser Steppe entdeckt man Erstaunliches, nämlich Grünes in der sonst die Augen ermüdenden Eintönigkeit von Ocker! Eine eindrucksvolle Vielfalt robuster Pflanzen zeugt von der Reverenz der Natur an die Fürsorge und Rücksichtnahme der dort lebenden Nachfahren Jambeshwars! Unter seiner vor vielen Jahrhunderten verkündeten und immer noch gültigen Leitung finden diese Wüstenbewohner auch heute selbst unter den schwierigsten Bedingungen noch eine bescheidene, aber ausreichende Lebensgrundlage.

Auch in Dürrezeiten, die andere Bewohner der Region katastrophal treffen, werden Bishnois keinesfalls aus der Bahn ihres einfachen, genügsamen Lebens geworfen. Sie behalten ihr Auskommen und schaffen gleichzeitig den bei ihnen lebenden Tieren einen Flecken Paradies, wie es in anderen Gegenden der Welt schon lange nicht mehr existiert – oder nie existiert hat.

Nicht nur die geschützten, seltenen Schwarzböcke und die zierlichen Chinkaras gedeihen hier unter der Protektion dieser Menschen, sondern auch Herden anderer wildlebender Tiere und Schwärme von Zugvögeln halten sich zutraulich in der Nähe der Bishnoi-Dörfer auf im Bewusstsein, dort nichts fürchten zu müssen. Wenn man sieht, wie diese wildlebenden Mitgeschöpfe ohne jedes Misstrauen Futter aus Menschenhand nehmen, so fragt man sich verdutzt, ob sich diese friedvollen Szenen tatsächlich auf derselben Erdkugel abspielen, auf der ganz selbstverständlich und routinemässig Milliarden um Milliarden von Tieren gemästet, misshandelt und ohne die allergeringsten Skrupel auf dem Altar ausufernder menschlicher Konsumwut geopfert werden.

Wie nur konnte diese Gemeinschaft, für die selbst das bescheidene Wüstengras als eine der Hauptressourcen gilt und die immer wieder unter extremem Wassermangel leiden muss, in einer auf den ersten Blick lebensfeindlichen Umgebung eine solch mustergültige und anrührende Oase des Friedens schaffen und erhalten?

Krisenresistente Wüstenregion

«Jede Veränderung der Welt beginnt mit einer Veränderung der Gesellschaft.»

Johra Ram

Das wollte auch eine Gruppe von ungefähr hundert Ökologen wissen, als sie 1988 durch die zu der Zeit unter extremer Dürre leidende Thar-Wüste zu den Bishnois marschierte. Man wollte herausfinden, weshalb diese spezielle Bevölkerungsgruppe sich einer bemerkenswerten Immunität Krisen gegenüber erfreuen kann, die in anderen Gebieten Indiens regelmässig zu katastrophalen Zuständen führen.

Offensichtlich liegt einer der wichtigsten Gründe für diese positive Ausnahmesituation in der weisen und erprobten Fähigkeit der Bishnois, Regenwasser sorgfältig und wirkungsvoll zu verwalten, Tautropfen von Pflanzen aufzufangen, ein funktionierendes Zisternensystem zu unterhalten und vor allem Übergrasung durch Nutztiere zu verhindern. Dieser umsichtig organisierte Wasserhaushalt bietet dann selbst in schwierigen Zeiten ausreichende Vorräte, welche die Menschen selbstverständlich auch

«Tanka» einer Bishnoi-Gemeinschaft in der Nähe von Pipasar: Regenwasser sickert in eine Grube und wird mit einer Platte bedeckt, die, im Gegensatz zu den sonstigen Gepflogenheiten der Menschen dort, abgeschlossen wird: Wasser in der Wüste ist kostbar.

mit den Tieren teilen, für die sie ausserdem schon in ihren Feldern Wasserspeicher für die Trinkwasserversorgung angelegt haben.

Aber auch an Nahrung mangelt es normalerweise trotz der äusserst schwierigen Umweltbedingungen nicht: Es werden zwei Arten von Hirse geerntet wie auch Rettiche, Karotten, Knoblauch und Weizen; auch Sesamöl wird hergestellt. Die Anbaumethoden sind erfindungsreich und den speziellen Gegebenheiten perfekt angepasst. So hat man zum Beispiel die Felder absichtlich über eine weite Fläche verteilt, um damit optimal von einem Regenfall profitieren zu können, der nicht nur zeitlich unvorhersehbar, sondern auch in unterschiedlicher Intensität und sogar manchmal lokal begrenzt ausfallen kann. Man erhöht also so die Chancen, wenigstens hier und da den nötigen Niederschlag zu erhalten. Ausserdem hat seit jeher zusätzlich zum Anbau auch das Sammeln von wildwachsendem Obst und Gemüse für die Versorgung eine wichtige Rolle gespielt.

Experten waren fasziniert von den Auswirkungen der Lebensweise der Bishnois: In Dürrezeiten sah man in Rajasthan einen Scheiterhaufen nach dem anderen, auf denen zehntausende verdursteter Büffel und andere Nutztiere verbrannt werden mussten, deren Besitzer mit vielen Leidensgenossen ins ökologische Exil gezwungen worden waren. In den Bishnoi-Gebieten dagegen gab es trotz gelegentlich heikelster Lebensbedingungen keine Anblicke aus der Hölle, sondern eher ein bescheidenes Paradies.

Ihre einzigartige Zuneigung zu Tieren und der Natur und die damit verbundene Liebe zum Leben in all seinen Formen hat die Bishnois bis heute ganz offensichtlich nicht nur vor Katastrophen beschützen können, sondern auch verhindert, dass sie wie andere Mitbürger von staatlicher Hilfe abhängig wurden.

Sollte es stimmen, dass nur die Weisesten überleben? Das Bishnoi-Beispiel bejaht offenbar diese Frage, denn selbst in Dürreperioden bleiben sie gelassen in ihren Dörfern. Der Niederschlag mag ausbleiben, doch man hatte Vorsorge getroffen und arrangiert sich optimal mit den gegebenen Bedingungen.

In Auffangbecken, die Regenwasser in grosse unterirdische Tanks geleitet haben, findet man auch in Trockenperioden das nötige Trinkwasser, von dem kein Tropfen vergeudet wird. Das Wasser für die Tiere und die Wäsche allerdings muss manchmal auf Kamelrücken kilometerweit herangeschafft werden.

Es versteht sich von selbst, dass in einer Wüstenregion die Perioden der Dürre ein immenses Problem darstellen. Vor einigen Jahren war selbst Jodhpur von einer derart katastrophalen Trockenheit bedroht, dass man schon von einer Evakuierung der überfüllten Stadt redete. Allerdings konnte das Problem nach Fertigstellung des Rajasthan-Kanals gelöst werden und im Moment ist genügend Wasser vorhanden.

Eine ähnliche Bewässerung sollte auch die umliegenden ländlichen Gegenden weniger lebensfeindlich gestalten. In den Dörfern errichtete man also Wassertanks, die durch Pipelines an die Stadtwasserversorgung angeschlossen wurden. Das war sehr gut durchdacht, brach aber zusammen angesichts extremer Verhältnisse. Das System steht zwar noch, doch der Wassernachschub ist so dürftig, dass in vielen Orten die Versorgung in den langen heissen Sommermonaten das Hauptgesprächsthema geworden ist: Manchmal sind die Pipelines für längere Zeit ganz trocken und an anderen Tagen erscheint oft auch nur ein Rinnsal.

Die Bishnois waren also gut beraten gewesen, sich selbst um ihre Wasserversorgung zu kümmern. Die Weisheit der Alten, die in dieser Gesellschaft übrigens sehr verehrt werden, hat ausserdem gelehrt, Getreide nicht zu verkaufen, sondern in riesigen, unter Hirsestroh kühlgehaltenen Behältern einen Vorrat für drei oder vier Jahre zu lagern.

Der Besucher, der auch in schwierigen Zeiten von den Bishnois gastfreundlich bewirtet wird, wundert sich über die angenehme Kühle, die selbst bei 43 °C im Schatten unter dem Strohdach der runden Hütte

Kraniche in der Nähe eines Ortes, wo sie von Bewohnern jeden Morgen gefüttert werden.

herrscht. Wenn er den Schilderungen seiner Gastgeber zuhört, Brotstücke in Quark tunkt und mit Zwiebeln und eingelegten Chillies würzt, fühlt er sich keineswegs in einer Hungerzone. Im Gegenteil. Bei zutraulich ein- und ausfliegenden Vögeln denkt er nicht an ein Katastrophen-Gebiet, sondern eher an eine Wüstenidylle.

Diese «Grünen» kommen recht gut über die Runden in ihrer unwirtlichen Heimat. In den letzten Jahrzehnten hat sich auch der Milchverkauf als eine wichtige Einkommensquelle erwiesen.

Sorgsamer Umgang mit Ressourcen bringt also nicht nur ausreichende Nahrung für Mensch und Tier, sondern konnte sogar mittlerweile zu einigem Wohlstand führen: Es ist heute nicht ungewöhnlich, dass Bishnoi-Familien mit LKWs und Traktoren handeln und dabei gute Geschäfte machen. Kein Wunder, dass sie zu den erfolgreichsten Bauern Indiens gehören.

Durch die Milchproduktion handeln sich die Bishnois zwar auch das Problem zu vieler Kälber ein. Da Kühe ihre Milch ja, wie die Menschen auch, für ihren Nachwuchs produzieren, ist die Milchgewinnung zwangsläufig auch mit Geburten verbunden. Dennoch ist das Problem bei ihnen nicht so gravierend wie z.B. in der EU, wo Bauern Sonderprämien bekommen, wenn sie das «Abfallprodukt Kalb» möglichst jung töten lassen, damit der Fleischberg nicht zu hoch wird. Die Bishnois selbst töten natürlich nie ein Kalb. Die männlichen Tiere setzt man für die Arbeit ein und überzählige verkauft man vorzugsweise an andere Bishnois weiter. Aber auch wenn Rinder an Aussenstehende abgegeben werden müssen, haben selbst diese Tiere relativ gute Chancen auf einen natürlichen Tod! Rinder haben in Indien tatsächlich einen höheren Stellenwert als in Europa oder Amerika. Leider passt sich aber Indien auch in dieser Hinsicht immer mehr europäischen Verhältnissen an.

Um die Wirksamkeit traditioneller und moderner Versorgungstechniken im Rahmen sich schnell ändernder Umweltbedingungen genauer bestimmen zu können, sollen weitere Forschungen im Bishnoi-Gebiet und auch bei deren Nachbarn vorgenommen werden. Man möchte unter anderem auch herausfinden, wie es die Bishnois geschafft haben, unbeirrt ihre aktive Rücksichtnahme auf die Umwelt und einen vegetarischen Lebensstil über viele Jahrhunderte zu verfolgen in einem Gebiet, in dem solche Werte und Auffassungen keinesfalls geteilt werden und in dem Fleischverzehr und Umweltzerstörung immer mehr zunehmen (die indische Regierung schloss zum Beispiel im Jahre 1993 eine anthropologische Untersuchung ab und stellte zur eigenen Überraschung fest, dass 88% der Bevölkerung nicht vegetarisch leben).

Aber mag auch im Moment die eigene Weisheit die Bishnois noch beschützen, bleibt trotzdem eine beunruhigende Frage: Wie wird die in der Welt sich ausbreitende Verstädterung sich auf die bisher religiös verfolgte Ideologie der Nachhaltigkeit auswirken? Werden einzigartige Traditionen in der Zukunft verwässern oder gar ganz aufgelöst?

Glücklicherweise hat sich bei den Jains, von denen im Kapitel 2 gesprochen wird, bewiesen, dass eine derartig negative Entwicklung keinesfalls zwangsläufig eintreten muss. Im Gegenteil: Es sieht so aus, dass die Bishnois zwar durchaus «mit der Zeit gehen» (im Guten und manchmal auch im weniger Guten), trotzdem aber nach wie vor mit derselben Hingabe und Konsequenz ihre Hauptrolle als Beschützer von Flora und Fauna wahrnehmen.

Bishnois vor ihren Häusern.

Kennenlernen

«Wie kann man nur Tiere für ein Abendessen töten?»
Ein Bishnoi-Kind

Je mehr man über die Bishnois erfährt, desto mehr wächst der Wunsch nach einer Gelegenheit, von ihnen lernen zu können. Wenn auch eine riesige Touristenindustrie nicht im Interesse der mittlerweile durch schlechte Erfahrungen misstrauischer gewordenen ländlichen Bevölkerung liegt, so sind doch Einnahmen durch Verkäufe verschiedener Produkte eigener Herstellung an Besucher willkommen.

Für die Erkundung der Thar-Wüste werden verschiedene Möglichkeiten angeboten, nämlich per Jeep für den Normaltouristen oder sogar Kamelsafaris, die allerdings nur für Leute mit bester Gesundheit empfehlenswert sind, schliesslich setzt man sich einem Aufenthalt in unwirtlicher Umgebung aus und muss in der Wüste Entfernungen zwischen 12 und 15 Meilen täglich zurücklegen.

In die sandige Heimat dieser konsequenten Umweltschützer sollte man vorzugsweise zwischen Oktober und März fahren, da während dieser Monate das Wetter verhältnismässig kühl und trocken ist.

Die Reisen werden durch verschiedene Veranstalter organisiert und nehmen normalerweise mit einem langen Flug bis Delhi ihren Anfang. Nach einer angemessenen Ruhepause geht es dann weiter zur zweitgrössten Stadt Rajasthans: Jodhpur. Diese Stadt, in deren Umgebung viele Bishnois leben, mit ihrem rauhen Wüstenklima wurde 1459 gegründet, blühte im 16. Jahrhundert zu einem Handelszentrum auf und ist auch heute noch durchaus sehenswert!

Im Zentrum Jodhpurs, auf einem felsigen Hügel von 120 Meter Höhe, liegt das gigantische Meherangarh Fort, eine der imposantesten Festungen in Indien und eine der grössten, von einer enormen Mauer umgebenen Burgen in Rajasthan. Mit Luxus-Palästen, schweren, an die Militärgeschichte erinnernden Toren (das Haupttor trägt immer noch Spuren von Kanonenkugeln von einer der zahlreichen bewaffneten Auseinandersetzungen) und eindrucksvollen Sammlungen von kunstvoll geschnitzten Täfelungen, Sänften, Miniaturmalereien, Musikinstrumenten, Kleidern, Uniformen und Waffen stellt die Burg eine lebendige Erinnerung an Rajasthans turbulente Geschichte dar. Für zahlungskräftige Touristen werden dort aufwendige Gala-Abende arrangiert.

Von der Höhe der Festung aus kann man einen unvergesslichen Blick geniessen auf das durch eine Stadtmauer getrennte Jodhpur, die «blaue» Stadt. Warum blau? Es gibt verschiedene Theorien: Brahmanen lieben diese Farbe an ihren Häusern. Oder sie ist die kühlste. Oder sie vertreibt Fliegen. Wer kann das genau wissen ...

Überhaupt fürchtet in dieser Stadt ganz offensichtlich niemand schreiende, auffällige Farben. Man sieht Männer mit schillernden Turbanen in Lindgrün, Rosa, Rot und Orange, schweren Goldohrringen und gezwirbelten Bärten. Die Frauen tragen vorwiegend Rot und ihre Röcke sind oft mit kleinen Spiegelstücken geschmückt. Die Unterarme sind nicht selten vollständig bedeckt mit Armreifen, ausserdem tragen sie phantasievolle und auffallende Ohr- und Nasenringe, die mit über die Wange führenden Goldketten verbunden sind.

Wenn der Besucher dieses quirlige, farbenfrohe Durcheinander in der Stadt von der Höhe des Forts aus bewundert, vergisst er schnell die atemberaubende Hitze sowie den zwischen den Zähnen knirschenden Wüstensand.

Aber auch andere Interessierte beobachten die überfüllte Stadt aus luftiger Höhe: Auf den Zinnen des Forts warten böse dreinschauende, mächtige Geier auf ihren Einsatz als Bio-Müllschlucker, die hier für Ordnung sorgen. Sie reinigen zum Beispiel einen Kuhkadaver in weniger als einer halben Stunde von allem verderbbaren Fleisch und leisten damit einen willkommenen Beitrag zur Hygiene und Volksgesundheit.

Sollte man in der Stadt der Paläste und Museen einen längeren Stopp einlegen wollen, hat man eine Auswahl an Unterkünften in jeder Preisla-

Die Gedenkstätte an Jambeshwars Tod in Mukam.

ge. Man kann sogar, falls man die ausreichenden Mittel investieren möchte, in einem restaurierten Maharadscha-Palast wohnen.

Wenn man die engen, gewundenen Gassen der Stadt durchstreift, entdeckt man irgendwann den farbenprächtigen mittelalterlichen, rund um den Stadtturm gelegenen Basar für den Einkauf von Souvenirs. Kleine Geschäfte bieten fast alles an, vor allem aber Textilien, Teppiche, Marmorintarsien, Spiegel-Stickereien und klassischen Silberschmuck. Berühmt ist auch der Handel für Antiquitäten und deren hochwertige Kopien.

65 km von Jodhpur entfernt findet man in der alten Stadt Ossian, früher ein wichtiges religiöses Zentrum, ausserdem die grösste Ansammlung Rajasthans von frühen Jain- und Hindu-Tempeln, die dem Interessierten aufzeigt, wie sich indische Tempel-Architektur zwischen dem achten und elften Jahrhundert entwickelte. Besonders die Surya- (Sonne) und Sachiya-Mata-Tempel sind berühmt für ihre Schönheit. Unterkunft bietet ein Zeltlager, von dem aus man einen wunderschönen Blick über die Stadt hat.

Überraschend selbst in dieser Wüstenlandschaft ist die offensichtliche Freude der Bewohner an leuchtenden Farben, so als wollten sie das deprimierende Ocker durch ihre eigene, augenbetörende Wahl wettmachen. Überhaupt ist die Vitalität der Menschen und deren Begeisterung für Festlichkeiten auffallend; es scheint dort kaum Raum zu geben für Langweiliges oder Blasses!

Die Gebiete der Bishnois liegen zwar in der näheren Umgebung von Jodhpur, jedoch führt der Weg dorthin zunächst durch endlos wirkende, kärgliche Wüstenlandschaften in den verschiedensten gedeckten Brauntönen. Sogar der Himmel erscheint blass in dieser Farblosigkeit, die nur gelegentlich durch schwachgrüne Tupfer von Büschen und Bäumen aufgelockert wird. Aber obwohl Mutter Natur in dieser Gegend wirklich ganz besonders ungerecht erscheint, ist die Thar-Öde trotzdem die am dichtesten besiedelte Wüstengegend der Welt! Das Geheimnis eines derartigen Gedeihens in lebensfeindlicher Umgebung liegt in der gewaltfreien Lebensweise ihrer Bewohner.

Wenn der Reisende von seinem Fahrer auf die ersten vereinzelt auftauchenden Tiere hingewiesen wird, weiss er, dass das Ziel fast erreicht ist. Die Ansiedlungen der Bishnois können nicht mehr weit sein. Und tatsächlich macht das Wüstengelb auch allmählich zunehmend grüner Vegetation Platz; bald sind ganze Herden zutraulicher Tiere zu entdecken. Furchtlos grasen sie nicht nur in den Oasen, sondern sie bewegen sich auch, wie dann schnell festzustellen ist, zutraulich unter Menschen in den Dörfern (hamlets). Auch die vielen Vögel scheinen keine Furcht zu kennen (nicht selten besuchen sie sogar ihre menschlichen Freunde in

Bishnois im Lohawat-Tempel in ihrer typischen weissen Kleidung.

deren Häusern) und die grösseren unter ihnen, wie die lässigen Pfauen, streifen unbekümmert überall umher.

In einigen Gemeinden wird der Besucher höchstpersönlich vom Chef der Gemeinschaft und seinen Familienangehörigen begrüsst und eingeladen, an deren einfachem Leben eine Weile teilzunehmen. Wenn man Glück hat, darf man sogar die «Panchayat»-Zeremonie beobachten (die dörfliche Rechtsprechung unter dem Vorsitz von fünf weisen Männern), während der hitzige Auseinandersetzungen umsichtig entschärft werden.

Die Bishnois leben in sauber-luftigen, strohgedeckten Lehmhütten mit separater Kocheinheit und sich anschliessenden eingezäunten Weiden. Es gibt in vielen dieser Orte weder Strom noch Telefon und als oft einzige Transportmöglichkeit nur Karren, die von Kamelen gezogen werden.

Das Leben ist gemächlich und fröhlich. Wenn auch das Umfeld erbarmungslose Härte zeigt, so werden in den Dörfern die Überzeugungen und Philosophie Jambeshwars in eine warmherzige und würdige Existenz umgesetzt. Menschen und Tiere leben in Frieden, was sich nicht nur für die tierischen Schützlinge segensreich auszuwirken scheint, sondern auch für die menschlichen Beschützer: Die Bishnois erfreuen sich einer ganz besonders robusten Gesundheit.

Die Bishnoi-Bauern halten Kamele, Rinder und Büffel, jedoch wird keines dieser Tiere je geschlachtet. Aber die Milch als Nahrungsmittel und

Bishnois auf dem Jahrmarkt von Mukam.

auch der Dung als Brenn- und Baumaterial spielen eine grosse Rolle. Auch aufgesammelte tote Äste werden zum Heizen verwendet, allerdings niemals zum sonst in Indien üblichen Verbrennen von Verstorbenen «verschwendet»: Man beerdigt die Toten, um deren Körper der Erde wieder zurückzugeben. Dev Ram aus dem Dorf Guda Bishnoi erklärt: «Man braucht Holz, um die Toten zu verbrennen. Jambeshwar sagte jedoch, es sei Unfug, einen lebenden Baum zu töten, um eine Leiche zu beseitigen.» Also begraben die Bishnois ihre Toten und stellen dabei noch nicht einmal einen Grabstein auf.

Der Besucher ist willkommen unter der selbstverständlichen Voraussetzung, dass er die strikte, sich für den Schutz der Natur verantwortliche Lebenseinstellung der Bishnois akzeptiert und sich ihr anpasst. Normalerweise werden Neuankömmlinge daher zunächst vorsichtig beobachtet. Wer jedoch als Freund akzeptiert wurde, darf sich über das Lächeln der Bishnois freuen, deren berühmte Gastfreundschaft geniessen und auch an traditionellen Mahlzeiten teilnehmen, die aus gekochtem Gemüse, Quark, Buttermilch, Gewürzen, verschiedenen Brotsorten und einer eindrucksvollen Menge von Linsen bestehen.

Da die Bishnoi-Gebiete in der Wüste ziemlich weit verstreut liegen, sind zwar auch Übernachtungen möglich, aber normalerweise besucht man die Dörfer während Tagesreisen, die ausser von Jodhpur auch von Bikaner, Nagaur, Phalodi, Osian, Barmer, Balotra oder anderen Orten ihren Anfang nehmen können.

In den Dörfern sind verschiedene Souvenirs erhältlich, wie zum Beispiel Töpfereiartikel, Teppiche (dhurries) aus Baumwolle, Kamel- oder Ziegenhaar, Stickereien, handgewebte Textilien wie Kleidung, Tischtücher und auch Bettdecken.

Überhaupt herrscht selbst in kleinen Ortschaften kein Mangel an handwerklichem Know-how: Die Weber, Töpfer und Schuhmacher haben ihre meisterlich beherrschte Kunst über Generationen von den Vorfahren erlernt und zeigen sie stolz ihren Besuchern, die auf Wunsch auch selbst, unter fachmännischer Anleitung, ihr Glück an der Töpferscheibe oder am Webstuhl versuchen dürfen. Aber auch Schreiner findet man, die allerdings bei ihrer Rohstoffbeschaffung ein besonderes Problem zu bewältigen haben: Sie müssen geduldig warten, bis das benötigte Rohmaterial auf dem Boden liegt und bereit zum Aufsammeln und Verarbeiten ist.

Die hochgewachsenen, schlanken Männer der Bishnoi-Gemeinschaft tragen Weiss (Turbane, Hemden und Wickelröcke [Dhotis]) als Symbol ihres unerschütterlichen Glaubens und Zeichen von Reinheit und Mässigung, die Frauen als «Symbol der Schöpfung» dagegen beeindrucken durch rote, purpur- oder orangefarbene Röcke mit Goldornamenten und prächtigen, schweren Goldschmuck in Form von Armbändern, Ringen im linken Nasenflügel und Fusskettchen. Der Halsschmuck und der Schmuck im linken Nasenflügel ist so aussergewöhnlich, dass man daran Bishnoi-Frauen erkennen kann.

Der Alltag dieser Menschen wird selbst in Einzelheiten auch heute noch von den Vorschriften des weisen Jambeshwar bestimmt: Sauberkeit und ein hohes Mass an Hygiene schützen gegen Krankheiten, Tierschutz spielt eine Rolle im Düngen des Bodens und Selbstgenügsamkeit schützt vor Abhängigkeiten.

Das indische Kastensystem hat keine Gültigkeit in der Philosophie der Bishnois, in der auch eine relative Gleichberechtigung zwischen den Geschlechtern herrscht. Wahlrecht wird enthusiastisch wahrgenommen, und 1987 wurde die erste Bishnoi-Frau in ein ausserhalb ihrer eigenen Gemeinde liegendes Parlament gewählt.

Vielleicht möchte man seine Reise auch so planen, dass man sich unter die vielen Besucher am grossen Fest zum Gedenken Jambeshwars mischen kann, das jedes Jahr im Februar/März stattfindet, und zwar im Ort Mukam (Mukam bedeutet: er lebte hier).

Ein interessantes Detail, das aber bezeichnend ist für diese Glaubensgemeinschaft: Der dortige Jambeshwar-Tempel enthält ausser Unterkünften für Besucher auch ein Lager für Getreide, das von den Besuchern für Tauben, Pfauen und andere Tiere gespendet wurde. Für die täglichen Fütterungen hat man eigens Plätze neben dem Tempel eingerichtet.

Jeder, ungeachtet seiner Rasse, Nationalität und Glaubensrichtung, darf die Gedenkstätte besuchen und an den Ritualen teilnehmen, die von einem Bishnoi-Priester geleitet werden.

Es gibt auch noch ein zweites Jambeshwar-Fest, das allerdings viel kleiner gehalten ist und hauptsächlich von Einheimischen besucht wird, die mit Kamelen, Karren oder auch zu Fuss eintreffen. Hier handelt es sich mehr um eine landwirtschaftliche Messe.

Als religiöser und Gemeinschaftsdienst zählt auch das Reinigen des Jambeshwar-Sees, wobei der kostbare ausgehobene Schlamm auf die umliegenden Hügel getragen wird, um dort so die Bodenbedingungen allmählich wieder zu verbessern.

Eine Romanze mit der Natur

«Tiere sind uns heilig.»
Bana Ram

«In den Wüstengegenden von Rajasthan können Tiere die Bishnois identifizieren ...»
Harsh Vardhan in einem Artikel vom 18. Oktober 1998 in The Hindu

Eine Gruppe von Schwarzbock-Antilopen, wie man sie häufig in der Nähe von Bishnoi-Dörfern sehen kann.

Als Jambeshwar vor all den Jahren predigend durch die lebensfeindlichen Gebiete Rajasthans zog, hat er seine Mitmenschen davon überzeugen können, dass die Natur zu respektieren und mit allen Mitteln zu verteidigen sei. Diese Lehre beweist auch heute noch ihre Richtigkeit, denn durch ihre Befolgung konnte dieses einzigartige Paradies geschaffen werden, von dem jeder von uns wohl irgendwann einmal geträumt hat: Für wildlebende Tiere erweckt der Anblick von Menschen dort nämlich nicht automatisch das Gefühl von Bedrohung und den Reflex von Flucht, im Gegenteil! Sie gehen frei und unbekümmert durch die Ortschaften und kommen den Menschen ohne Scheu entgegen. Dieses Vertrauen und eine unbefangene Alltäglichkeit im harmonischen und fürsorglichen Zusammenleben von Mensch und Tier verblüfft alle Besucher.

Die Menschen füttern und tränken nicht nur ihre «Kinder» in Gestalt von anderen Lebensformen, sondern versorgen sie bei Bedarf auch mit handgefütterten Heilmitteln oder begraben sie sorgfältig am Ende ihrer natürlichen Lebenszeit.

Es kommt sogar vor, dass Bishnoi-Frauen verwaiste oder verletzte Tiere stillen. Diese Bindung ist so aussergewöhnlich, dass M. K. Ranjitsinh in seinem Buch «Beyond The Tiger» das Foto einer jungen Bishnoi-Frau veröffentlicht hat, die ein Kitz säugt. Kein Wunder, dass bei einem derart umfassend ausgeprägten Mutter- und Schutzinstinkt diese Frauen ganz besonders energisch zuschlagen, wenn sie Übeltäter entdecken!

Überhaupt haben gerade die Frauen offensichtlich eine ganz besonders innige Beziehung zu Tieren. So lautet ein altes Volkslied, das den Demoiselle-Kranichen gewidmet ist: «O Kranich, mein Gatte ist nun über ein Jahr weg. Du bist meine Schwester und hast Flügel, bring eine Nachricht zu ihm ...»

Ein Vogel als Schwester? Was würde Darwin denn dazu sagen? Wie würde er es wohl verkraften, dass Bishnois die indischen Schwarzbock-Antilopen (black buck oder Antelope cervicapra) als Söhne, Rinder als Familienmitglieder und Khejri-Bäume gar als heilige Männer ansehen? Für diese Menschen der Wüste ist eben jede sie umgebende Lebensform wichtig und erfährt daher auch den Respekt und die Zuneigung, auf die jedes Familienmitglied ein Anrecht hat.

Eine besondere Rolle im Leben dieser Menschen spielt der Schwarzbock, ein stämmiges Tier mit dunklem Rückenfell und weissem Bauch, das durch seine imposanten gedrehten Hörner Respekt einflösst. Man sagt, dass Jambeshwar auf seinem Sterbebett befohlen hat, den Schwarzbock an seiner Stelle zu verehren. Daher gilt jede Aggression diesem Tier gegenüber als ganz besonders verdammenswerter Frevel.

Bei jeder Unterhaltung mit einem Bishnoi über dieses Tier wird unweigerlich irgendwann der Satz «Kalo hiran to mharo babo se» (Der Schwarzbock ist unser heiliges Tier) kommen. Wenn auch rücksichtslose Emporkömmlinge wie Khan sie umbringen, so wird diese seltene, empfindliche Antilope, die vor Angst schnell einem Herzschlag erliegen kann, von den Bishnois nicht nur geliebt und verehrt, sondern auch mit tatsächlich allen zur Verfügung stehenden Mitteln verteidigt.

Vor nicht allzu langer Zeit streiften noch riesige Schwarzbockherden durch die nördlichen und westlichen Ebenen Indiens, dagegen dürften in Rajasthan heute nur noch ungefähr 9000 Exemplare leben (aus anderen Regionen liegen keine Zahlen vor). Da diese Tiergattung sich ausserdem auch nur sehr langsam vermehrt, gilt sie nun als ernsthaft gefährdet.

Nicht nur Umweltschützer sorgen sich also wegen des Verschwindens dieser Gattung, auch die Bishnois fürchten den Verlust der Tiere, die als Symbol für Wohlstand gelten und mit denen ihr eigenes Wohlergehen geradewegs verkoppelt zu sein scheint. Kein Wunder also, dass sie den

Tieren das Grasen auf allen Feldern erlauben. Die Schäden halten sich allerdings in Grenzen, denn die Tiere streifen umher und halten sich nicht allzu lange auf einem einzelnen Feld auf – so bleibt der Verlust für jeden Bauern überseh- und verkraftbar.

Die Harmonie zwischen Mensch und Natur ist hier überall spürbar. Das herumstreunende Rind zum Beispiel kann sicher sein, dass kein Besuch bei den verschiedenen Familien erfolglos sein wird: Immer wird es nicht nur Aufmerksamkeit, sondern auch Futter einheimsen, wenn es nicht sogar gleich mit den anderen Haustieren versorgt wird.

Überhaupt gehört das Füttern von allen Tieren zum ganz normalen Alltag und ein geringerer Ertrag für den eigenen Bedarf wird akzeptiert, denn die vierbeinigen «Mitesser» sind von vornherein eingeplant. Man gibt gern. Der Bauer Bhuvani Ra ist sogar überzeugt davon, dass die Ernte umso ertragreicher ausfällt, je mehr die Tiere essen.

«Schwarzböcke sind Anhänger von Krishna. Es ist eine Sünde, sie zu töten!», sagt Dasrathi Nayak aus dem Ramunda-Dorf, in dem es die grösste Ansammlung dieser Tiere im Staat gibt.

Wenn man trotz massiver brutaler Jagd durch frühere Prinzen und Jäger heute überhaupt noch Schwarzböcke sehen kann, so ist dies fast ausschliesslich das Verdienst der die Tiere mit allen Mitteln beschützenden Bishnoi-Gemeinschaften. Aber trotz aller Fürsorge bleibt die Gattung nach wie vor bedroht und verschwindet langsam in Indien, Bangladesch, Nepal und ist in Pakistan bereits ganz verschwunden. Es sind daher die Gebiete der Bishnois, wo man am besten und in aller Ruhe die eleganten männlichen Tiere mit den schön gebogenen Hörnern beobachten kann, wenn sie mit ihrem hellfarbenem Harem umherstreifen.

Die Bemühungen um alle Tiere sind unbestreitbar auch heute noch eines der wichtigsten Elemente im Charakter dieser Menschen. Wenn auch die älteren Bishnois, wie übrigens wohl alle Elterngenerationen in der Welt, über die Probleme bei der Erziehung und über die Sorglosigkeit der Jungen seufzen, so müssen sie trotzdem zugeben, dass es gerade die Söhne und Töchter sind, die sich am schnellsten und energischsten Jägern in den Weg stellen.

Auch die hübsche indische Chinkara-Gazelle (indische Gazelle oder Gazella gazella), die mit ihren zarten Gliedern und grossen Augen fast wie ein Wesen aus der Fabelwelt wirkt und beliebte Jagdbeute der Nachbarn ist, geniesst besonderen Schutz. Trotz aller Bemühungen kann man diese auch in ihrem Weiterbestehen bedrohte Tierart dennoch nicht ausreichend vor Wilderern beschützen, die hunderte von ihnen abschiessen und auch nicht zögern, Menschen zu ermorden, die dieses Massaker zu verhindern suchen.

So war die Bevölkerung der kleinen Stadt Meena ki Dhani, 70 km nordwestlich von Jodhpur, im Jahre 2000, nach dem Tod von Ganga Ram, der von Wilderern erschossen worden war, in Trauer. Immer mehr Stimmen werden laut, die Bishnois, die bisher so viel für den Naturerhalt getan haben, wirkungsvoller auszustatten, damit sie die Verteidigung der Natur selbst in die Hand nehmen können.

Eine indische Gazelle.

Aber wenn auch für die Jünger von Jambeshwar die Heiligkeit aller vom Schöpfer geschaffenen Kreaturen anerkannt und respektiert wird, so hört doch die sorgsame Pflege bekanntlich keinesfalls bei den atmenden Wesen auf, sondern erstreckt sich auf alle Aspekte der Natur.

In den Orans (heiligen Hainen) werden nicht nur Tiere vor Unheil bewahrt, sondern genauso die Bäume. Eine dieser Regionen ist Guda Bishnoi-Khejarli, eine Schutzzone in der Grösse von 13 000 km^2. Ausgerechnet in diesem Heiligtum hatte Filmstar Khan gewildert – für die Bishnois eine Schändung ohnegleichen.

Ein besonderer Freund der Bishnois ist, wie schon anfangs erwähnt, der Khejri-Baum. Er spielt eine ganz besondere Rolle nicht nur in der Realität, sondern auch im spirituellen Leben der Menschen, und das bereits von alters her. Man spricht schon von ihm in den Vedas, dem Sanskrit-Epos, und in der indischen Wüstenfolklore. Kein anderer Baum wird von diesen Bauern so geschätzt, und das beruht auf dessen gewinnbringender Vielseitigkeit das ganze Jahr hindurch: Er ist genügsam, widerstandsfähig, speichert mit seinen tiefen Wurzeln Wasser, bindet Erdreich und ist ein wichtiger Rohstofflieferant.

Es scheint, dass die Bishnois schon seit Jahrhunderten wissen und praktizieren, was Wissenschaftler heute als letzte Erkenntnisse veröffentlichen: den unverzichtbaren Wert von Bäumen für das menschliche Leben. Überall in der Welt versucht man nun, und zwar unter Einsatz astronomischer Summen, die durch Abholzen angerichteten Schäden wieder auszubügeln. Die Erfolgsaussichten sind fragwürdig! Vom Erfolg der Bishnois können viele Regierungen nur träumen.

Chipko

«Was schenken die Wälder uns?
Erdreich, Wasser und reine Luft!
Erdreich, Wasser und reine Luft!
Unterstützt die Erde und alles, was sie trägt!»

Lied der Chipko-Frauen

«Wir dürfen nicht vergessen,
dass die Wichtigkeit von Wäldern nicht im Geldverdienen liegt,
sondern im Ausgleich der klimatischen Bedingungen.»

Sarla Behn, 1978

Man belächelt sie, die verträumten Umarmer von Bäumen (tree hugger)! Wenn aber diese New-Age-Bewegung trotzdem immer mehr Anhänger findet, so müssen die «Baumknuddler» doch irgendeinen Nutzen aus dieser besonderen Meditation ziehen?

In England hat man mittlerweile sogar ein «Zentrum für Harmonie» eingerichtet, das bei der Stressbekämpfung helfen soll. In den Kursen werden «Baum-Heilungen» gelehrt in Kombination mit Haltungs- und Atemtechniken, die dem Yoga ähnlich sind. Dadurch soll der Teilnehmer sich mit der «Ruhe, Kraft und Ausgeglichenheit» eines besonders für ihn ausgewählten Baumes verbinden. Angeblich sollen Menschen durch dieses Ankoppeln entspannter werden, besser schlafen und leichter Entscheidungen treffen können.

Diese positive Kraft der Bäume ist jedoch absolut keine Entdeckung unserer Epoche! Schon in der Rigveda (2500 v. Chr.) spricht man davon, dass die segensreichen Eigenschaften von Bäumen und Kräutern so gut wie jede die Menschen bedrohende Krankheit heilen können – von Kopf bis Fuss, vom normalen Kopfschmerz bis zur ernsten Herzattacke.

Die Verehrung für Bäume ist schon sehr alt und umfasst alle Kulturen quer über den Erdball. «Heilige» Bäume wurden von Arabern «Manahil» genannt und von den Römern «Nemeton». Von persischen Heiligen wurde erwartet, dass sie Bäume pflanzten, Osmanen sprachen vom «Baum des Lebens» und in der indischen Bhagavad Gita symbolisiert der Baum das Universum. Für die Druiden gab es nichts Heiligeres als die Eiche; sie glaubten, dass Bäume Quellen spiritueller Weisheit darstellen.

Buddha erfuhr seine Erleuchtung unter einem Baum, der heute noch zu sehen ist. Ihm wird auch der folgende Ausspruch zugeschrieben: «Ein Wald ist ein seltsamer Organismus voll grenzenloser Freundlichkeit und Güte. Er stellt keine Ansprüche für seinen Unterhalt, gibt aber grosszügig alle Produkte seiner Lebensaktivitäten. Er bietet allen Wesen Schutz und spendet sogar Schatten dem Mann mit der Axt, der ihn zerstören wird.»

In diesem Kontext ist die Verehrung von Bäumen seitens der Bishnois noch nicht einmal besonders erwähnenswert, allerdings hat diese noch in keiner Kultur zu derartig extremen Selbstaufopferungen geführt. Das Gedenken an Amrita und ihre Freunde ist nach wie vor lebendig und hat sogar 1973 im Dorf Gopeshwar zu einem ähnlichen, wenn auch weniger tragisch endenden Ereignis geführt: Holzfäller einer Sportartikelfirma wollten mit dem Fällen in den umliegenden Wäldern beginnen. Bewohner der benachbarten Orte rannten herbei, schrien «Chipko! Chipko!» und umarmten die Bäume. Unerschrocken klammerten sie sich an ihnen fest, die Äxte hinter sich nicht fürchtend, bis die entsetzten Arbeiter geflohen waren.

Dieses glücklicherweise unblutige Ereignis legte den Grundstein für das berühmte gewaltlose Erhaltungssystem «Chipko», mit dem man sich heute gegen grossangelegtes Abholzen stemmt, vor allem im indischen Himalaya von Uttaranchal Pradesh (vor dem Jahr 2001 hiess es Uttar Pradesh) und natürlich in den Bishnoi-Gebieten. Diese Zonen werden hingebungsvoll von der lokalen Bevölkerung beschützt, welche die Schaffung von Naturreservaten und Aufforstungsprogrammen als von Gott gesegneten Akt hält. Mag dieses Bewahren auch aus religiösen oder kulturellen Gründen geschehen, so wird dadurch, praktisch als Nebenprodukt, nicht nur eine bemerkenswerte Artenvielfalt erhalten, sondern auch nachhaltiger Bodenschutz und Wasserspeicherung gewährleistet.

Die Chipko-Frauen kennen diese Zusammenhänge und besingen sie in ihren Liedern. Sie wissen, wie sehr ihre traditionelle Lebenshaltung mit Bäumen verwoben ist und dass rücksichtsloses Abholzen oder mangelnde Diversität zu Überschwemmungen, Erosion, Dürre und Klimaveränderungen führt.

In Anerkennung der Wichtigkeit von Bäumen für ein gesundes Ökosystem und als Respekt für die Märtyrer um Amrita, die auch kürzlich von der indischen Zentralregierung als die ersten ökologischen Helden anerkannt und geehrt wurden, findet jährlich ein Volksfest statt. In Indien gibt es mittlerweile sogar auch ein nationales Baumpflanz-Fest, das Van Mahotsav. Ausserdem wurde im Jahre 1988 das Dorf Khejarli zum Nationaldenkmal ausgerufen.

Die uralte Bishnoi-These, nach der Wälder der menschlichen Zivilisation vorangehen und Wüsten ihr folgen, findet nicht nur überall mehr Zuhörer, sondern hat auch beim Umweltgipfel 1992 in Rio zur Gründung der Konvention zur Bekämpfung der Desertifikation geführt, die Ende 2000 in Bonn tagte und nach Lösungen einer sich immer mehr abzeichnenden Katastrophe suchte. Wenn auch die Gründe, nämlich Überweidung, Rodung und falsche landwirtschaftliche Praktiken, bekannt sind, so scheint wirkungsvolle Heilung der unserer Umwelt geschlagenen Wunden bis jetzt nicht erkennbar zu sein.

Überall in der Welt hat Abholzung zu ernsten Problemen geführt, wie auch zum Beispiel in China. Dort hat, verursacht durch hohen Wasserverbrauch und unkontrolliertes Abholzen von Wäldern, eine grossflächige Boden-Erosion die Wüste Gobi bis hundert Kilometer an das Zentrum von Peking vorrücken lassen. Intensive Sandstürme laden nun jährlich eine Million Tonnen Sand über der Stadt ab.

Auch die Bewohner der Inneren Mongolei waren schockiert, als sie ihre Heimat im Januar des Jahres 2001 unter einer dicken gelben Schicht entdeckten, weil sich aufgewirbelter Sand der Wüste Gobi mit Schnee vermischt und ihn gefärbt hatte.

Noch dramatischer ist die Situation in Afrika, wo man einen Landverlust von rund 100 Quadratkilometern pro Tag berechnet hat. Lakonisch wird als Ursache dafür eine Überforderung der Böden angegeben, die drei Millionen Menschen jährlich dazu zwingt, sich einen neuen Lebensraum zu suchen.

Beispiel Tansania: Dreihunderttausend Menschen leben im Gebiet der Usambara-Berge im Nordosten des Landes. Vor hundert Jahren war der Boden auf den Berghängen für Flora und Fauna noch der fruchtbarste in ganz Ostafrika. Nun sind die majestätischen Wälder durch Raubbau verschwunden. Man versucht Wiedergutmachung durch die erneute Einführung sanfter, traditioneller Anbaumethoden, Baumschulen und die Verteilung von 10 000 Bäumen an Bauern in der Umgebung.

Auch in Südamerika wird der tropische Regenwald, der ein Sechstel der Erdoberfläche ausmacht und ein Zuhause ist für die Hälfte aller lebenden Arten, in atemberaubendem Tempo vernichtet. Die Hälfte des Waldes wurde schon im letzten Jahrhundert zerstört und wenn es so weitergeht, wird Mitte des 21. Jahrhunderts nichts mehr übrig sein von der atmenden Lunge der Erde.

Durch diesen Raubbau verschwinden nicht nur die Bäume, mit ihnen gesunder Boden und immer mehr Tierarten, sondern auch im jeweiligen Gebiet lebende Stämme. Diese werden in Existenznot und nachfolgende Dekadenz getrieben, unter gleichzeitiger Vernichtung alter Kulturen und deren Weisheit.

Es darf auch nicht vergessen werden, dass ein Viertel all unserer Medizin aus dem tropischen Regenwald gewonnene Pflanzenelemente enthält – Grundstoffe für Medikamente. Da nur zwei Prozent der Pflanzen bis jetzt auf ihre Wirksamkeit erforscht wurden, könnte die Menschheit durch nicht endende Zerstörung des Regenwalds der Chance beraubt werden, unter den restlichen 98 Prozent vielleicht die Heilmittel zu entdecken, die so dringend benötigt werden.

Was ist der Hauptgrund für die nicht selten auch noch national subventionierten Vernichtungsaktionen? Hauptsächlich die Viehzucht! Der Appetit nach immer mehr Fleisch, besonders in der westlichen Welt, ist so enorm, dass mittlerweile schon Regenwaldgebiete in der Grösse Europas vernichtet worden sind, um den Fleischhunger zu stillen – und ein Ende des Raubbaus ist nirgendwo abzusehen.

Wenn auch einige westliche Nationen besonders von dieser Situation profitieren, so wird die Rechnung von der gesamten Weltgemeinschaft bezahlt werden müssen, also auch von denen, die es sich leisten, gesamte Viehherden für die Herstellung von Hunde- und Katzenfutter zu halten. Ausserdem: Brennende Wälder tragen in grossem Masse zur Zerstörung der Ozonschicht bei, und deren katastrophale Konsequenzen lassen sich nicht lokal begrenzen!

Man vermutet auch, dass die über Arkansas und Ohio im Jahre 1997 hereingebrochenen Fluten direkt mit massivem Abholzen im Interesse von Holzverkauf und Landgewinnung für Intensivhaltung von Geflügel und Schweinen in Verbindung gebracht werden können. Möglicherweise hatte US-Präsident Clinton auch diese Problematik berücksichtigt, als er kurz vor seinem Ausscheiden aus dem Amt dem amerikanischen Volk ein ganz besonderes Geschenk machte: Er schuf sieben nationale Monumente dadurch, dass er die Erschliessung von mehr als 4000 km^2 Bundesliegenschaften verbot, die in Montana, Kalifornien, Arizona, Neu Mexiko, Idaho und auf den karibischen Inseln liegen.

«Wir meinen, dass unsere Zukunft und unser Land, Luft und Wasser zusammengehören und wir nicht nur unser historisches Erbe, sondern auch unsere Naturschätze zu schützen haben», sagte er bei seiner Bekanntmachung im Ostraum des Weissen Hauses.

Schon vorher hatte Clinton elf Gebiete durch Beschränkungen oder Verbot von Strassenverkehr und jeder wirtschaftlichen Nutzung geschützt und zwei schon bestehende Reservate erweitert, so dass die Gesamtfläche nun ungefähr 240 000 km^2 beträgt.

Wenn man bedenkt, dass jeder Baum mit seinem Wurzelsystem Wasser bindet und ausserdem Flüssigkeit in die Atmosphäre ausatmet, wird einem schnell die Weisheit und Umsicht dieses besonderen Abschiedsgeschenkes klar, durch das sowohl Dürre wie auch Fluten verhindert werden.

Bäume sind die Klimaanlage unserer Erde und verdienen ausserdem als Wetterstabilisator den Respekt, den die Bishnois ihnen nun schon so lange entgegenbringen. Es ist interessant, dass all die Bemühungen von Politikern und Empfehlungen von Wissenschaftlern sich in erstaunlicher Weise decken mit dem, was Jambeshwar schon vor vielen Jahrhunderten gepredigt hat: Massloses Abholzen führt zu Hungersnöten! Die Geschichte hat ihm immer wieder Recht gegeben.

Man fragt sich deshalb verblüfft, warum nicht überall seinen weisen Ratschlägen wenigstens zugehört wird! Warum buchen nicht Mitglieder des UNCCS, die ja weite Wege zu ihren Konferenzen nicht scheuen, einen Flug nach Jodhpur und sehen sich in der Umgebung um nach Lösungen für Probleme, die dort schon keine mehr sind?

Mag es auch viele Religionen geben, die zur Achtung der Natur auffordern, so bilden doch die Bishnoi-Jünger mit ihrem umfassenden ganzheitlichen Verständnis eine Ausnahme. Wenn auch die Natur sich diesen Menschen nicht in ihrer attraktivsten Form präsentiert und ihnen statt üppig grüner Täler und überquellender Blütenpracht ein staubtrockenes und verwüstetes Antlitz zeigt, lieben und verehren die Bishnois sie trotzdem und haben ihre konsequente Erhaltung zum Angelpunkt ihres eigenen irdischen Lebens gemacht.

Wenn wir unser schnell und offensichtlich in allen Gebieten der Erde gleich stark wachsendes Unbehagen in konsequenten Naturschutz übersetzen würden, könnte es wieder mehr Hoffnung geben. Die Zeit für eine neue Ideologie ist da und für einen Lebensstil, der auf dem Wunsch nach Einheit und nicht auf wirtschaftlichen Wachstumsmodellen basiert.

Die Bishnois haben das schon lange verstanden. Ihre Überzeugung, dass jedes lebende Wesen ein Recht auf Verwirklichung hat, ungestört in seiner Individualität und spirituellen Bestimmung, kann eine Lehre für uns alle sein. Einen besseren Weg in eine friedliche Zukunft wird man nicht finden können.

Bish-noi – neunundzwanzig

Das ist die Anzahl der Gebote, welche die Grundlage für das gesellschaftliche Leben der Bishnois bilden. In diesen alten Regeln werden nicht nur spirituelle Aspekte angesprochen, sondern auch in eindrucksvoller Weise recht aufgeklärte Anweisungen zum Zusammenleben mit Mensch und Tier gegeben. Ausserdem schreiben sie handfeste Hygieneregeln vor, die sich nicht nur in der Vergangenheit bewährt haben, sondern auch heute noch dafür sorgen, dass im Wüstenklima alle Nahrung möglichst frei von Schadstoffen bleibt.

Das wichtigste, nämlich das spirituelle Element, fordert Hinwendung zu Vishnu, gibt Gebets- und Meditationsvorschriften für bestimmte Zeiten des Tages und schreibt ausserdem Fastenperioden vor.

Die Empfehlungen für das Zusammenleben mit seinen Mitmenschen verlangen vom Einzelnen zunächst Respekt zwischen den Geschlechtern, halten ausserdem an zu Besonnenheit, Verständnis, Ehrlichkeit, Vergebung, Zufriedenheit und warnen gleichzeitig vor Gier und Zorn, aber auch vor übermässiger Kritiksucht – sich selbst und anderen gegenüber.

Kokosnüsse werden während eines jährlich stattfindenden Volksfestes in Jamba dem Feuer übergeben.

Einen besonderen Stellenwert nehmen natürlich die Vorschriften ein, die den Umgang mit Tieren bestimmen. Abgesehen davon, dass Fleisch streng verboten ist, wird Mitgefühl mit allen Tieren vorgeschrieben, die auf keinen Fall getötet werden dürfen, wie klein sie auch sein mögen. Es gibt spezielle und detaillierte Regelungen für Tierhaltung, wie zum Beispiel das Verbot, Bullen kastrieren zu lassen. Im Bemühen um die Sicherheit aller Tiere sollen auch Nahrung und Brennmaterial vor Gebrauch daraufhin untersucht werden, ob sich nicht kleine Wesen darin versteckt haben, die in Sicherheit zu bringen sind.

Aber auch zur Rücksichtnahme auf Bäume wird aufgefordert. Da sie weder gefällt noch beschnitten werden dürfen, wird als Brennmaterial getrockneter Dung und Kokosnussschale empfohlen.

Ein grosser Teil der Vorschriften bestimmt auch ganz praktische und segensreiche Alltagsregeln. So wird zur täglichen Körperreinigung aufgefordert wie auch zu gewissen Vorsichtsmassnahmen, welche die Behandlung von Nahrungsmitteln betreffen, nämlich das Filtern von Milch und Wasser. In diesem Zusammenhang wird auch das Gebot ausgesprochen, Opium, Tabak und Alkohol zu meiden.

Die 29 Gebote der Bishnoi-Religion

1. Dreissig Tage Abgeschiedenheit für Frauen nach deren Entbindungen
2. Fünf Tage Abgeschiedenheit für Frauen während der Menstruation
3. Früh am Morgen ein Bad nehmen
4. Immer ruhig und geduldig sein
5. Immer sauber sein, innen und aussen
6. Jeden Morgen und Abend meditieren
7. Jeden Abend Vishnu anbeten
8. Immer die Wahrheit sagen
9. Täglich yajna (Feuerzeremonie) praktizieren
10. Sauberes, gefiltertes Wasser trinken
11. Sanft sprechen
12. Feuerholz vor Gebrauch prüfen (um keine Insekten zu töten)
13. Nicht stehlen
14. Niemanden missbrauchen
15. Sich keinen hitzigen Auseinandersetzungen hingeben
16. Fasten am Amavasya (dem Tag vor Neumond)
17. Pietät und Verzeihen als Lebensstil pflegen
18. Immer an Vishnu denken
19. Freundlich zu lebenden Wesen sein
20. Gier, Ärger, Begierden und Betörung bekämpfen
21. Kein Wasser von einem Nicht-Bishnoi annehmen (um die eigenen Prinzipien aufrechtzuerhalten)
22. Ein Bulle soll nicht kastriert werden (um Grausamkeit zu vermeiden)
23. Kein Opium konsumieren
24. Keine grünen Bäume fällen
25. Keinen Tabak konsumieren
26. Kein Haschisch konsumieren
27. Keinen Alkohol konsumieren
28. Kein Fleisch konsumieren
29. Keine blauen Kleider tragen

Auszug aus einem Artikel «Bishnoi Society: Origin, Development and Present Status» von Bansi Lal Khichad in der Zeitschrift *Sangoshti Vaani*, 9. September 1980.

Anhang zum Bishnoi-Kapitel

von Harsh Vardhan

Bishnoi-Faszination

Erlebnisbericht von Harsh Vardhan zu seiner ersten Begegnung mit den Bishnois:

An diesen immerhin schon ungefähr fünfundzwanzig Jahre zurückliegenden Tag erinnere ich mich noch, als wäre es gestern gewesen:

Nachdem ich am Morgen meine Reportage über die Sitzung steifer Bürokraten beenden konnte, die ihre stahlharte Taktik gegenüber einfachen Bauern in der ausgetrockneten Gegend von Pali aufgegeben hatten, bat ich den Vorsitzenden des Gremiums um einen Jeep. Da mein Zug zurück nach Jaipur erst abends um neun ging, hatte ich noch mehr als genug Zeit, in der näheren Umgebung nach Gazellen Ausschau zu halten.

Offensichtlich war der Vorsitzende mit meiner Arbeit und der Objektivität der Berichterstattung so zufrieden, dass er mir nicht nur ein Fahrzeug stellte, sondern auch gleich noch einen Chauffeur benannte. Erfreut stieg ich mit dem Fotografen Hari Ram ein und wir starteten unseren Streifzug.

Es dauerte nicht lange, bis wir auf einigen in der Nähe von Ansiedlungen liegenden Feldern tatsächlich Gazellen entdeckten, die allerdings wegliefen, sobald wir uns ihnen näherten und sie fotografieren wollten (zu der Zeit gab es noch keine Teleobjektive).

Unser offensichtliches Interesse für die schönen, sanftäugigen Tiere rief schnell aufgeregte Dorfbewohner auf den Plan. Sie beobachteten uns unaufhörlich und schrieen uns an. Ich ärgerte mich. Das passte mir überhaupt nicht. Diese Leute gefielen mir nicht. Ich beachtete sie nicht und verfolgte die Tiere, ohne mich durch ihren Protest stören zu lassen.

Ein Tier rettete sich in ein grösseres Dorf und durchquerte die Getreidespeicheranlage. Uns blieb nichts anderes übrig, als ihm auf der Strasse hinterherzufahren. Aber da verbarrikadierte plötzlich eine Gruppe von aufgebrachten Leuten den Weg und bedrohte uns mit Knüppeln. An eine Weiterfahrt war nicht zu denken.

Sie stellten uns zur Rede und wollten wissen, warum wir das Wild jagen. Während die Gespräche immer hitziger wurden, durchsuchten einige der Dorfbewohner den Jeep nach versteckten Gewehren. Aber als wir erklärten, dass wir ein Presseteam, nämlich Reporter und Fotograf, seien, und der Fahrer ihnen dieses übersetzt hatte, entspannten sich die Belagerer und einige von ihnen lächelten sogar.

Sie hatten verstanden. Man bot uns Trinkwasser an und beantwortete bereitwillig und geduldig all die vielen Fragen, die aus uns heraussprudelten. Plötzlich waren alle freundlich und aufgeschlossen. Aber als ich einen jungen Mann ansprach, antwortete er nicht, sondern bat mich stattdessen, ihm in seine Hütte zu folgen. Ich war irritiert: «Warum?» – «Um die Fragen zu beantworten», erwiderte er höflich.

Als ich in die Hütte trat, sah ich eine junge Frau in einer Ecke hocken, und neben ihr stand eine junge Gazelle. Der Mann sprach mit ihr und die Frau entblösste daraufhin eine Brust und stillte das Tierkind.

Ich war fassungslos. Als man meine Überraschung sah, wurde mir erklärt, dass die Mutter der Gazelle vor einigen Tagen in der Nähe des Dorfes getötet worden war. Die Wilderer waren zwar entkommen, aber man hatte das Junge retten können. Nun zog man es auf mit Frauenmilch – der Milch einer Bishnoi-Frau.

Wie betäubt verneigte ich mich vor diesen Menschen.

So verlief meine erste Begegnung mit Bishnois – und gleichzeitig war dies auch meine erste Erfahrung mit Gazellen in der Wüste.

Als es dämmerte, fuhren wir zurück und nahmen den Zug nach Hause. Während der Fahrt schlief ich ein, wachte aber immer wieder auf und hatte die das junge Tier säugende Frau vor Augen. Ich konnte das Bild einfach nicht vergessen – und kann es auch nicht bis zum heutigen Tage: Diese besondere Gemeinschaft hat mich für immer in ihren Bann gezogen.

Es ist mir bewusst, dass sich mit der Zeit auch bei den Bishnois Änderungen in ihrem Lebensstil eingestellt haben, aber ihre wundervolle Tradition der Rücksichtnahme auf Fauna und Flora lebt nach wie vor!

Das geschah 1975/76.

Pipasar

*«Jathe hoiye nahi lilo baanth,
bathe pere nahi meri chhant.»*

«Ich durchquere kein Land, in dem es keine grünenden Bäume gibt.»
Jambeshwar

Pipasar, der Geburtsort Jambeshwars, ist für die Bishnois das, was Ayodhya (dort erblickte Rama das Licht der Welt) für die Hindus bedeutet. Dieser kleine Ort, in dem Jambeshwar im Jahr 1452 geboren wurde, wird nirgendwo auf Landkarten erwähnt, die man in Buchhandlungen überall in Indien kaufen kann, spielt aber trotzdem im Bewusstsein der Bishnois eine wichtige Rolle und bleibt stummer Zeuge der Philosophie des Sehers.

In seinen 29 Geboten wird die Erhaltung der Wüstenvegetation und ein Leben der Nachhaltigkeit gefordert, und zwar in Wort und Tat. Diese Lehre wird nach wie vor von den Bishnois befolgt, die immer wieder von Dürren bedroht werden. So haben sich im Laufe der Zeit segensreiche Traditionen herausgebildet, zum Beispiel die Praxis, kein einziges Blatt in der Umgebung eines Tempels anzurühren. Eine solche Zurückhaltung führte allmählich zu Schutzgebieten, die irgendwann als Gottes Wald (Dev van) betrachtet und von den Menschen in der Wüste «Oran» (für andere, also nicht für uns selbst) genannt wurden. Diese «Dev van» oder «Orans» sind heilige Haine, die man bis heute in vielen Gegenden Indiens finden kann; sie haben eine entscheidende ökologische Bedeutung gewonnen im sozialen, wirtschaftlichen und religiösen Umfeld der jeweiligen ländlichen Gemeinschaften.

Pipasar liegt mitten in Rajasthan in einem Gebiet, das bekannt ist für extreme Trockenheit, enorme Temperaturunterschiede und sehr variablen Niederschlag. Die relative Feuchtigkeit ist niedrig. Der Ort Pipasar mit einer Ansammlung von Häusergruppen erstreckt sich ungefähr über 3,52 Hektar, von denen ein Zehntel von Sanddünen bedeckt ist. Von der verbleibenden Nutzfläche werden drei Fünftel für Ackerbau und zwei Fünftel als Weidefläche genutzt. Pipasar hat ausserdem vier Orans, die ein Gebiet von ungefähr 36 Hektar umfassen.

Ständige Ungewissheit wegen der Launen der Natur und daraus herleitende Gefahren wie auch eine starke Abhängigkeit von der Natur liessen die Bewohner von Pipasar im Laufe der Zeit zu strengen Naturschützern werden. Mögen die Niederschläge auch rar sein, so werden sie doch wirkungsvoll und durch eine Vielzahl von ausgeklügelten Systemen verwaltet:

Ein tempelähnliches Gebäude wurde in Pipasar (Nagpur-Distrikt) errichtet, wo Jambeshwar 1452 geboren wurde. Dort wird auch jedes Jahr ein Volksfest organisiert.

Nadi: Hier handelt es sich um eine natürliche Vertiefung im Boden, wo Wasser nach Regenfällen aufgefangen wird. Pipasar hat 5 Nadis mit ausreichenden Vorräten.

Tanka: Das ist ein kleines, tiefes Loch, in dem Wasser für den persönlichen Gebrauch aufgehoben wird, und zwar normalerweise in der Nähe des Hauses. Die Löcher können rechteckig oder rund sein und sind immer oben mit einem Deckel sicher verschlossen. Die Kapazität ist beachtlich, nämlich mindestens 10 000 Liter.

Brunnen: Sie werden ausgehoben; ihre Tiefe ist abhängig von der Lage der wasserführenden Schicht.

Bohrbrunnen: Diese Brunnen werden zunächst ausgehoben und dann mit Hilfe von Maschinen weiter bearbeitet. Die Regierung baut solche Brunnen, um die verfügbare Menge von Grundwasser für ein oder mehrere Dörfer zu steigern. Wohlhabende Bauern lassen sich solche Brunnen auch mitten in der Wüste anlegen.

Handpumpen: Ein ähnliches Verfahren wie bei Bohrbrunnen, jedoch werden sie manuell bedient. Normalerweise lässt die Regierung sie für Dorfgemeinschaften einrichten.

«Verschwende nichts. Fordere nichts.» In Pipasar lebt man nach dieser Formel. Ihre kluge Wasserverwaltung haben die Menschen entwickelt nach bitteren Erfahrungen mit Dürre-Perioden. Geräte werden mit Sand geputzt, wenig Wasser wird gebraucht, die Kleider sammelt man und wäscht sie nur einmal in der Woche. Man reinigt seine Hände nach dem Essen in einer Schüssel und selbst während des Kochens spart man mit dem kostbaren Nass.

Mehr als 30 000 Bäume wachsen in Pipasar. Ausser einigen Eukalyptus-Bäumen, die erst in den letzten Jahrzehnten gepflanzt wurden, sind alles einheimische Sorten. Der Khejri-Baum (*Propopis cineraria*) ist am weitesten verbreitet und macht 61% der gesamten Vegetation aus, dann folgen Bordi (*Zyzyphus mauritiana*) mit einem Anteil von ungefähr 13% und danach Rohida (*Tecomella undulata*), Ankara und Kumta (*Acacia senegal*).

Der Khejri-Baum repräsentiert das Lebenssystem in der Wüste. Seine Fruchtschoten namens *sangri* werden verwertet, und selbst seine Blätter bieten wertvolles Futter für Rinder und Büffel. Der Baum liefert Feuerung, und wenn er alt und trocken wird, benutzt man sein Holz für den Bau von Ställen und Zäunen. Die trockenen Wurzeln des Baumes dienen als Baumaterial, da sie als besonders solide gelten. Der grüne Khejri-Baum sorgt immer für Feuchtigkeit und ist daher überall sehr beliebt als Katalysator für das Wachstum der ihn umgebenden Anpflanzungen.

In Pipasar findet man vier heilige Haine:

Jamboji ki Oran (12,8 ha) – In ihm liegt *Jambojis saathri* (der Ort, wo Jambeshwar lebte). Natürlich ist das Fällen von Bäumen hier streng verboten. Sollte jemand aber doch bei diesem Frevel erwischt werden, wird die Dorfgemeinschaft eine Strafe verhängen, nämlich das Pflanzen von zehn Setzlingen für jeden gefällten Baum und Getreidespenden für das Füttern von Vögeln, Vieh und wilden Tieren. Ausserdem muss der Eid abgelegt werden, nie wieder einen Baum in einem Oran zu zerstören. 200 Bäume wachsen in diesem Hain und die Bodenvegetation ist dicht und buschig. Der älteste Baum *Doodhaji ka Khejra* soll über 500 Jahre alt sein.

Chinkaras sind allgegenwärtig. Sogar der Wüstenfuchs, eigentlich ein Nachttier, wurde schon mitten am Tag in dieser Gegend beobachtet. Dort leben auch Wüstenkatzen und viele Vogelarten, vom grimmigen Geier bis zum frechen Spatzen. Ein Volksfest wird hier jedes Jahr von der Bishnoi-Gemeinschaft organisiert, das Jambeshwar gewidmet ist.

Peepenji ki Oran (4,8 ha) – Dieser heilige Hain liegt auf einer Sanddüne, ist auf allen Seiten von Feldern umgeben und befindet sich im Besitz der Dorfbewohner. Die grüne Oase wurde benannt nach dem Heiligen Peepenji.

Hanumanji ki Oran (2,08 ha) – Lord Hanuman war der Namensgeber für diesen Hain, in dem man auch ein kleines tempelähnliches Gebäude findet mit einer Abbildung dieser Gottheit. Leider stehen heute nur noch fünf Bäume in diesem Hain.

Maharaj ki Oran (17,12 ha) – Ungefähr 3 Kilometer entfernt vom Jamboji ki Oran liegt Maharaj ki Oran, der aussieht wie eine Vertiefung mitten in Sanddünen. Dieser Hain mit 155 Bäumen darf vom Verwalter des *Bishnoi saathri* genutzt werden.

Dann gibt es auch noch einen Hain in Privatbesitz, der allerdings nur sehr klein ist und ein Gedenken an den verstorbenen Vater von Mohan Singh, dem Eigentümer.

In jedem Hain gab es eine Vielfalt von Interaktionen mit biotischen Einflüssen. Während der Hanumanji ki Oran am schwersten durch die Dorfbewohner belastet ist, erscheinen die anderen drei immer noch relativ gut erhalten.

Die Definition von heilig bedeutet «heilig geworden durch religiöse Assoziationen; ausschliesslich gewidmet; geheiligt und unantastbar». D. Brandis (1897), erster Forst-Generalinspekteur in Indien, definierte «heilige Haine» mit «grundsätzlich nicht antastbar mit einer Axt, es sei denn, das Holz wird für die Reparation von Andachtsstätten verwendet».

Deswegen **sind** heilige Haine heilig. Allerdings bleiben gewisse Nutzungen gestattet, wie zum Beispiel das Grasen von Tieren und das Auflesen von Ästen für Feuerholz (aber natürlich kein Abholzen). Fruchtschoten des Khejri-Baums dürfen auch gesammelt und die Blätter von Büschen und Kräutern zur Fütterung von Tieren verwendet werden; man braucht sie aber auch für medizinische Zwecke.

So stellt sich die Biodiversität in indischen ländlichen Gegenden als eine traditionelle und bodenständige dar: Eine Vielfalt von Arten hilft ökologiebewussten Gemeinschaften, Störungen oder Veränderungen der Umwelt einschliesslich langer klimatischer Veränderungen zu widerstehen oder sich von ihnen zu erholen.

Pipasar hat eine gewisse Autarkie erreicht, und zwar durch Ackerbau und auch zum Teil durch die Nutzung dieser Haine, in denen aber alles nicht Benötigte verbleibt, damit es wieder in den Zyklus natürlicher Reproduktion eingehen kann. Da nach allgemeinem Verständnis der Hain heilig und die Vegetation nicht auszubeuten ist, müssen zusätzliche Ansprüche Einzelner durch die Ressourcen auf eigenen Feldern gedeckt werden; dadurch bleibt der Oran intakt und gesund. So war es in Pipasar schon seit langer Zeit und so ist es auch noch heute.

In diesem Zusammenhang soll nur ein Beispiel genannt werden: Jamboji ki Oran deckt 18% der Bedürfnisse an Weideland, 0,7% des Bedarfs der

Anwohner an benötigtem Feuerholz, 0,2% an Khejri-Hülsen und 0,1% an Bordi-Früchten. Im Vergleich damit sind die anderen Haine sehr viel weniger ergiebig. Ausserdem hat Jambojis Oran den höchsten moralischen Wert: Konsequenter Respekt für die Vegetation führte dort zu besonders eindrucksvollem Gedeihen.

Pipasar hat heute eine Bevölkerung von 2500 Menschen, die vorherrschende Religion ist der Hinduismus. Leider lebt kein einziger Bishnoi mehr dort. Welche Ironie: Der Ort, an dem Jambeshwar geboren wurde, ist heute ohne Bishnois. Ein Zeichen der Zeit? Aber selbst wenn keiner der Anhänger Jambeshwars noch in Pipasar wohnt, so sollten doch seine Weisheit und ökologischen Philosophien nach wie vor zu spüren, zu schätzen und zu bewundern sein.

Ein pflichtbewusstes Leben

Jambeshwar mag vielleicht selbst vor all den Jahrhunderten nicht geahnt haben, mit welcher Intensität seine Philosophie aktiven Pflichtbewusstseins weiterleben und sogar dazu führen könnte, dass sich Menschen für Bäume oder Tiere opfern, und das sogar noch in unserer heutigen Phase der Konsumwut und des Materialismus.

Die Geschichte der Bishnois ist nicht sehr gut dokumentiert und Informationen müssen einzeln zusammengetragen werden. Während dieser Recherchen traf ich auch Hanuman Singh Bishnoi, der in Jaipur die «Sangoshti Vaani» herausgab, eine Bishnoi-Publikation zum Schutz der Natur. In dieser Zeitung sind viele Konfrontationen von entschlossenen und mutigen Bishnois mit Wilderern, von denen sie etliche schnappen konnten, festgehalten worden. Hier sind einige Beispiele:

19. Januar 1979: 5 Personen aus dem Dorf Kodu erschossen Gazellen auf einem Bishnoi-Feld in der Nähe von Rewanda. Manohar Lal hielt einen von ihnen, nämlich Karni Dah, fest und verprügelte ihn so lange, bis er seine Tat gestand und schwor, solche Verbrechen nie wieder zu begehen.

Januar 1979: Luna Ram Bishnoi rettete eine angeschossene Gazelle in Lakhasar, wobei er von den Wilderern bedroht wurde. Er entgegnete: «Wenn ihr mich jetzt umbringt, kommen hunderte von Bishnois und geben euch eine passende Lektion.» Die Wilderer entschuldigten sich und zahlten anstandslos eine Strafe von 501 Rupien.

21. Januar 1979: Parma Ram Bavri tötete eine Gazelle auf dem Feld von Phaglu Ram Bishnoi, nahe Khara. Er entkam mit der Tierleiche, bevor die Bishnois eingreifen konnten.

22. Februar 1979: In der Nähe von Thathia verfolgte der Student Prema Ram Bishnoi den Wilderer Kevla Ram Bhil, als dieser mit einer getöteten Gazelle weglief. Die Tierleiche konnte sichergestellt werden, aber der Täter entkam. Eine Autopsie wurde in Lohawat vom Lehrer Ridmal Ram durchgeführt, wobei ihm Mitglieder der Polizeistation Dechu assistierten.

1. März 1979: Mahendra Khan wurde geschnappt, als er auf Gazellen im Dorf Chotina schoss. Angesichts der Wut seiner Häscher schwor Khan, so etwas nie wieder zu tun. Er musste 45 Rupien an die Dorfgemeinschaft zahlen.

3. April 1979: Chatura Ram, Khema Ram und Trilok Ram wurden als Wilderer identifiziert, die eine Gazelle in der Nähe des Hauses von Bhiya Ram Bishnoi getötet hatten. Die Polizeistation Bap wurde am 4. April verständigt. Eine Autopsie wurde vorgenommen und führte zur Verhaftung einer Person und der Sicherstellung eines Gewehrs.

8. April 1979: Chena Ram und andere stellten die Leiche einer Gazelle sicher, mit der Wilderer in der Nähe des Dorfes Pilwa das Weite suchen wollten. Die Schuldigen konnten allerdings nicht aufgehalten werden. Die Polizeistation Lohawat wurde informiert.

14. April 1979: Zwei Gazellen wurden in Kasvo ki Dhani erschossen. Die Täter entkamen unerkannt.

3. Mai 1979: Dhana Ram Khichad stellte eine von Lakshmi Singh getötete Gazelle im Dorf Pilwa sicher. Die Polizei von Lohawat wurde informiert.

20. Mai 1979: 2 Gazellen wurden gefangen im Dorf Kajala in Haryana. Obwohl die Verhaftung der Wilderer gefordert wurde, blieb dieser Fall ohne Konsequenzen.

25. Mai 1979: Mitglieder des Bavari-Stammes erschossen Gazellen in der Nähe des Dorfes Malsingh ki Sidh. Die Polizei von Lohawat wurde informiert und eine Autopsie in Phalodi durchgeführt. Eine Person wurde am 27. Mai verhaftet.

4. Juli 1979: Chena Ram Bhil erschoss eine Gazelle in Godara ki Dhani. Ram Lal, Phaglu Ram und Manohar verfolgten ihn, konnten ihn aber nicht erwischen. Die Polizei von Lohawat wurde verständigt.

13. Juli 1979: Babu Khan und Shaukeen Khan schossen auf Gazellen in Kachwanio ki Dhani. Sie wurden von Leuten umzingelt und dann von Jora Ram und Kishna Ram auf den Dorfplatz geführt. Die Wilderer wurden nach der Zahlung einer Strafe von 600 Rupien freigelassen, mussten aber schwören, nie wieder auf Tiere zu schiessen. Die Opfer wurden in der Nähe des Dorfes beerdigt und von dem Geld ein Mahnmal errichtet.

21. Juli 1979: Der Wilderer Nar Singh wurde in der Nähe von Guda Bishnoi erwischt; seine Komplizen konnten weglaufen. Die Bishnois übergaben ihn der Polizei; eine tote Gazelle wurde beerdigt.

27. Juli 1979: Sieben Wilderer töteten eine Gazelle in Pali. Manohar Bhadu, Mangla Ram, Pukha Ram, Tulchha Ram und andere konnten die Tierleiche sichern, während die Wilderer wegrannten. Mala Ram Bishnoi und Sarpanch informierten die Polizei von Lohawat, allerdings erfolgte keine Verhaftung.

16. August 1979: Eine weibliche Gazelle wurde getötet zwischen den Orten Ketu Kala und Bhalu Kala. Der Wilderer konnte von Buddha Ram und Sukkha Ram festgehalten und der Polizei übergeben werden.

25. August 1979: Wilderer schossen in die Luft, als Birma Ram Baniyal sie verfolgte und dabei identifizieren konnte. Einige Bishnois sicherten die Leiche der Gazelle, andere suchten die in den umliegenden Orten wohnenden Wilderer auf und redeten ihnen ins Gewissen. Tatsächlich entschuldigten sich die Täter am nächsten Tag und schworen, nicht mehr zu jagen. Man vergab ihnen während der Beerdigung des Tieres, an der die gesamte Dorfgemeinschaft teilnahm.

8. September 1979: Fast hundert Bishnois machten gemeinsame Jagd auf einen Wilderer in Chotina, fingen ihn und nahmen ihm eine Strafe von 601 Rupien ab. Die Leiche einer Gazelle konnte sichergestellt werden.

9. September 1979: In Dabli wurde Chaina Ram bei der Verfolgung von Mitgliedern des Bhil-Stammes, die eine getötete Gazelle wegschleppen wollten, durch zwei Einschüsse verletzt. Die Polizei wurde informiert.

29. September 1979: Vishna Ram Paliwal verfolgte einen Wilderer bis in den Ort Cherai und nahm ihm eine Strafe von 102 Rupien ab. Im Ort Ghantiali erwischten Bagdu Ram Bishnoi und Multa Ram Bishnoi einen weiteren Wilderer, der eine Strafe von 51 Rupien zahlen musste. Ausserdem musste er auf den Knien schwören, nie wieder in seinem Leben zu wildern.

7. Oktober 1979: Eine Gazelle wurde bei einem Verkehrsunfall getötet. Akbar, der Fahrer, trug das Tier in den Bus und wollte es mitnehmen. Der Fahrgast Kishan Lal Bishnoi protestierte, woraufhin der wütende Fahrer Kishan Lal aus dem Bus stiess und abfuhr. Kishan Lal trampte bis Jodhpur (der Bus fuhr von Barmer nach Jaipur), versammelte eine Gruppe von Bishnois um sich und stürzte sich mit ihnen auf Akbar an der Bushaltestelle in Jodhpur. Der Fahrer musste sich entschuldigen und die Tierleiche wurde beerdigt.

25. Oktober 1979: Einem Wilderer wurden in Matoda 511 Rupien abgenommen und der Eid, nicht mehr zu wildern.

26. November 1979: Ram Niwas Bishnoi fasste Dara Singh, der an der Bakra Strasse im Jalore-Distrikt einen Hasen gewildert hatte.

2. Dezember 1979: Ein Wilderer wurde in Kanwalisa von Bishnois gefasst und der Polizei übergeben.

6. Januar 1980: Ein Wilderer wurde in Cherai gefasst und der Polizei übergeben.

10. Januar 1980: Ein ehemaliges Mitglied der Armee, Chunni Lal, wurde von Prithvi Raj Beniwal und Bhadar Ram in Dulpura gefasst und erst wieder freigelassen, als es um Vergebung gebeten und das Versprechen abgelegt hatte, nie wieder zu wildern.

14. Januar 1980: Ein Wilderer wurde in der Gegend Rajod-Butali erwischt. Man nahm ihm die getötete Gazelle ab und beerdigte sie.

26. Januar 1980: Balwant Singh und Pappu wurden gefasst, als sie Gazellen in der Nähe von Denewala schossen. Sie sollten der Polizei übergeben werden, aber die Wilderer baten um Vergebung und brachten anschliessend Weizen für die Fütterung von Vögeln und Gazellen. Man vergab ihnen.

16. Februar 1980: Multana Ram Jangu und Haru Ram Jangu überwältigten ein wilderndes Mitglied des Bhil-Stammes; eine Strafe von 2100 Rupien wurde kassiert und eine Tierleiche beerdigt.

27. Februar 1980: Bhuru Ram Bavri konnte nicht festgehalten werden, als er eine Gazelle tötete auf dem Feld von Kana Ram im Dorf Bhundel.

17. September 1980: Udai Singh, Ganga Singh und Mahipal töteten eine Gazelle in der Nähe von Bhatwadi Nadi im Dorf Rotu. Bhiya Ram, Mukna Ram, Ram Karan und Dhanna Ram stellten sich ihnen entgegen und verhinderten, dass die Tierleiche weggeschleppt wurde. Die Polizei in Jayal wurde verständigt.

20. September 1980: Einige Mitglieder des Bhil-Stammes töteten eine Gazelle in Bhatip. Die Polizei von Raniwara wurde verständigt.

28. April 1981: Einige Personen, die man für Angestellte im öffentlichen Dienst hielt, wurden beobachtet, wie sie auf Gazellen nahe dem Ort Roda schossen. Die Dorfbewohner konnten sie verjagen.

3. August 1981: Hazari Ram Bishnoi verjagte Wilderer in der Nähe von Janglu und verhinderte, dass diese die Leiche einer Gazelle mitnahmen.

5. August 1981: Gazellenfleisch, das in einem Geschäft in Bavghata verkauft wurde, konnte sichergestellt werden. Chunni und Luna Ram Bhil wurden von der Polizei verhaftet.

12. November 1981: Als die Nachricht von Wilderei bekannt wurde, versammelten sich fast 60 Bishnois in der Gegend von Pilwa, aber sie konnten keinen der Täter erwischen. Die Polizei von Lohawat wurde verständigt.

Ich habe Hanuman Singh Bishnoi in seinem Dorf Phalodi tehsil im Distrikt Jodhpur besucht. Keine Strasse führt zu diesem Ort, den man nur auf Kamelrücken erreichen kann. Auf welligen Dünen, die von wenigen Bäumen und Büschen getupft sind, stehen dicht aneinander gedrängt ungefähr fünfundzwanzig Hütten in der Wüsteneinsamkeit; die nächsten Nachbarn sind weit entfernt.

Trotz flirrender Hitze wurde ich in einer auch ohne Klimaanlage angenehm kühlen *jhonpa* (runden Hütte) empfangen, in der sich eine bunt gemischte Gruppe von Bishnois und Nicht-Bishnois eingefunden hatte. Wir unterhielten uns über unsere Erlebnisse, tauschten Erfahrungen aus und hörten den Bishnois zu, die über ihr bodenständiges Wissen sprachen, das man durchaus als geistiges Überlebenspaket in unwirtlicher Umwelt bezeichnen kann.

Wer denkt, wegen seiner Universitätsausbildung und vieler Reisen in entfernte Länder klüger zu sein als diese Dorfbewohner, sollte sich erst einmal mit ihnen unterhalten und sich von ihnen die wahren Werte zeigen lassen, die dort eng verwoben sind mit einem aus trockenem Sand bestehenden Boden, der schon seit Jahren nach Wasser dürstet.

Hanuman Singh Bishnoi, seine Frau und einige seiner Familienmitglieder.

Man begegnete uns mit Neugier. Die Bishnois wollten wissen, wer wir sind, was wir in ihrem Dorf suchen und welches Leben wir führen. Viele der Dorfbewohner haben noch nie eine Eisenbahn gesehen; ihre Welt reicht von diesem bis zu jenem Dorf. Dafür besitzen sie aber eine starke Bindung an Zeit und Tradition: Die Zeit fliegt weg. Die Tradition bleibt. Und in dieser Kultur kann Tradition durchaus auch die Hingabe des eigenen Lebens für ein Tier bedeuten!

Gebannt hörten wir Hanuman Singh Bishnoi zu, als er von den vier grossen Opfern, *sakas* (sacrifices), der Bishnois erzählte, eines noch eindrucksvoller als das andere: Mahnmale zur Erhaltung von Leben, zivilisiert oder wild ...!

Harsh Vardhan ...

... ist ein sehr bekannter Journalist und Kolumnist aus Jaipur/Indien, der schon seit vielen Jahren für die wichtigsten indischen Zeitungen schreibt. Seine Artikel decken eine Vielfalt von Themen ab, denn er ist nicht nur ein enger Vertrauter vieler Bishnois, sondern auch ein Experte in allen aktuellen Umweltfragen. Weil besonders Tiere ihm so am Herzen liegen, hat er im Laufe der vergangenen Jahre eine Reihe von Projekten ins Leben gerufen, die zu ihrem besseren Schutz führten.

Harsh ist ein begehrter Redner überall in der Welt, wo er mit detailliertem Wissen vor den unsere Welt bedrohenden Gefahren warnt. Er war WWF-Generalsekretär für Rajasthan und ist im Moment Generalsekretär der TWSI (Tourism and Wildlife Society of India).

Natürlich isst weder Harsh noch irgendeines seiner Familienmitglieder jemals Fleisch.

Kapitel 2:

Die Jains

«Nichts ist winziger und subtiler als das Atom und nichts gewaltiger als das All. Gleichermassen gibt es keine subtilere Eigenschaft der Seele als die Gewaltlosigkeit und keine Tugend des Geistes, die grösser ist als die Achtung vor dem Leben.»

Mahavira

2,5 Meter hohe Statue in einer Höhle bei Ellora: «Parshvanath on the hill» aus dem Jahre 1234.

Endpunkte des Regenbogens?

Bhiki werden die Haare vom teuersten Friseur in New York geschnitten. – In der südindischen Stadt Shravana Belgolta setzt sich eine junge Frau am Vorabend ihres neuen spirituellen Lebens auf den Boden, meditiert und lässt sich dann in einer mehrere Stunden dauernden Qual ihre langen Haare büschelweise ausreissen.

Für Bharat wird in London teure Modellkleidung geschneidert. – Eine Nonne trägt auf ihrer Wanderung durch staubige Orte nur ein um ihren Körper gewickeltes, weisses Stoffstück.

Vijay behandelt für ein ansehnliches Honorar den sorgfältig getrimmten Rassehund der Jetset-Grösse. – Dhanwant arbeitet ehrenamtlich in einem Krankenhaus für herrenlose Tiere.

In seiner Antwerpener Luxusvilla lässt Rahul seinen Gästen eine üppige Mahlzeit an einem mit Goldblättchen belegten Tisch auffahren. – Der nur von den «Wolken bekleidete», nämlich nackte Mönch empfängt von den Bewohnern eines indischen Dorfes die einzige Mahlzeit des Tages, ohne die er hungrig schlafen gehen müsste.

Können Gegensätze noch extremer sein?

Hier ... die steinreichen indischen Familienclans von Diamantenhändlern mit Niederlassungen in Tel Aviv, Antwerpen, Mumbai, London und New York, die mittlerweile fast fünfzig Prozent aller Rohdiamanten aufkaufen. Dieser Geschäftszweig begann seine atemberaubende Erfolgsstory vor einigen Jahrzehnten in Palanpur, Teil des ältesten Muslim-Staates in Indien. Zunächst arbeiteten die zur Minorität gehörenden Jains dort nur in der Verwaltung oder als Verkäufer, doch durch eine Kombination von Intelligenz und Spürnase, verbunden mit ausgeprägtem Geschäftssinn, Menschenkenntnis und der Bereitschaft, auch kleinste Steine zu schleifen (die von anderen nicht als bearbeitenswert eingeschätzt wurden), eroberten sie sich scheibchenweise den Diamantenmarkt. Heute spielen die Jain-Clans weltweit eine führende Rolle in diesem als besonders schwierig geltenden Geschäftszweig; die grösste Firma beschäftigt mittlerweile ungefähr 25 000 Menschen.

Dort ... am anderen Ende des Spektrums, die Digambara-Mönche, die ihre absolute Besitzlosigkeit als Quelle für «exquisite Glücksgefühle» nennen und die, nackt umherwandernd, ihre Lehre verbreiten – wie schon vor vielen Jahren: Geschichtsschreiber berichteten, dass einst Alexander der Grosse in der indischen Stadt Taxila (gehört heute zu Pakistan) mehrere nackte Männer entdeckte, die in stiller Meditation auf dem Boden sassen. Diese Nackten waren erst bereit zum Gespräch mit dem jungen

General, als er seine Rüstung abgelegt und sich zu ihnen in den Sand gesetzt hatte. Die Legende behauptet, dass dieser Vorfall Alexander dazu veranlasst hatte, seinen Eroberungszug zu beenden und nach Griechenland zurückzukehren ... Diese eindrucksvollen Yogis müssen Jains gewesen sein!

Unvereinbare Endpunkte des Bogens menschlicher Sozialvielfalt? Es scheint so! Aber der erste Eindruck täuscht! Denn all diese Menschen, welchen facettenreichen Alltagsstil sie auch pflegen und aus welchen sozialen Schichten sie auch stammen mögen, wo immer sie ihren Lebensort gewählt haben und mit welcher Intensität sie ihrem Glauben folgen – sie alle sind Jains und leben nach einer gemeinsamen Idee von grossem Gewicht: Ahimsa = Gewaltlosigkeit!

Bhattaraka von Melsittamur mit zwei Gästen aus Gingee.

Der gemeinsame Weg

«Die Weisen haben die Doktrin der Gewaltlosigkeit festgelegt – für alle!»

Alle: Das ist nicht irgendeine unbedeutende Gemeinschaft, sondern immerhin ein Kreis, dem weltweit zehn Millionen Menschen angehören! In Indien findet man sie zwar hauptsächlich in Maharashtra, Madhya Pradesh, Karnataka, Gujarat, Rajasthan, Uttar Pradesh und Delhi, jedoch mittlerweile leben sie auch in den anderen Staaten Indiens. Die Hauptgemeinden ausserhalb Indiens liegen in Amerika und Grossbritannien. Und sie alle sind Vegetarier (wenn auch der Einzelne nicht wie ein Mönch jeden Bissen mit den Fingern auf eventuell dort verborgene Kleinstlebewesen untersucht, bevor er ihn in den Mund schiebt). Ihr Glaube verbietet ihnen, sich an der Ausbeutung von Tieren zu beteiligen.

Man verweigert sich also Unternehmungen oder Berufen, zu deren «Produktionsmitteln» lebende Wesen zählen. Die Jains haben sich daher auf andere Geschäftsbereiche und Berufe konzentriert, wie Lehrer, Rechtsanwälte, Ärzte (die keine von Tieren stammenden Medikamente verschreiben), Wissenschaftler, ökologisch orientierte Ingenieure, Steuerberater, Verleger, Richter, Politiker und natürlich auch religiöse Führer.

Und in diesen selbstgewählten wirtschaftlichen Umfeldern machen sie ihre Sache auffallend gut! Sie sind fleissig und clever! Sie wissen, was sie wollen! Sie haben Einfluss! Sie sind wohlhabend!

Im Durchschnitt gehört die Gruppe von Jains der relativ wohlhabenden Mittelschicht an – ohne Analphabeten in ihrer Mitte. Aber selbst die Nabobs unter ihnen mögen vielleicht durch den Handel mit Kleidung und Schmuck ihren prestigeträchtigen Status erreicht haben, doch auch sie würden niemals mit Fellen, Elfenbein, aus Knochen hergestellten Produkten oder Ähnlichem handeln.

Welch eindringlicher Beweis dafür, dass Rücksichtnahme auf nichtmenschliche Geschöpfe keinesfalls fade, weltfremde Schwärmer oder lebensuntüchtige Hippies produzieren muss! Die Jains zeigen einer staunenden Umwelt, dass eine sorgsame und fürsorgliche Haltung anderen Kreaturen gegenüber absolut nicht das Abseits von mitleidig belächelten Exzentrikern bedeutet, sondern im Gegenteil durchaus geradewegs in die Vorderfront der Wirtschafts- und Finanzwelt führen kann.

Aus einer solchen Verbindung von Spiritualität, Weltoffenheit und einer Routine voller Lebensklugheit kann selbst der Übertritt eines reichen jungen Mannes in den Mönchsstand zu einem hollywoodreifen Happening werden: Der prächtig gekleidete zukünftige Mönch reitet während der religiösen Zeremonie am Vorabend seiner Einweihung auf einem Elefanten ein, und zwar unter Anteilnahme der stolzen Familienangehörigen, von tausenden von Verwandten, Freunden und Sympathisanten, von denen Gruppen und Clans mit Charterflugzeugen eingeflogen worden waren. Dass bei einer solchen Gelegenheit die Teilnehmer und Gäste vorzüglich bewirtet und umsorgt werden, versteht sich natürlich von selbst!

Wenn es sich bei so einer märchenhaften Feier auch um eine wenig diskrete Darstellung von Reichtum, Prestige und Macht handelt, so unterstreicht sie dennoch gleichzeitig das ganz besondere Bekenntnis aller Jains, aus welchen Kreisen auch immer, zu den Werten ihrer Kultur und Tradition! Auch durch derartige Anlässe wird letztlich bestätigt, dass alle Mitglieder dieser kopfstarken Gemeinschaft sich, wenn auch von extrem verschiedenen Ausgangspunkten, barfuss oder auf dem Rücken prächtig geschmückter Dickhäuter, entschlossen auf dasselbe Ziel zubewegen – die Abarbeitung des Karmas.

Da im Verständnis der Jains das Gewissen eines Menschen nur so gut sein kann wie seine Taten, wird zur Orientierungshilfe des Suchenden eine Vielfalt von Techniken für die tägliche Umsetzung von vorgeschriebenen religiösen Geboten und ethischen Forderungen genannt: das Akzeptieren der Verbundenheit aller Seelen, Mitleid und Einfühlungsvermögen, Toleranz und Vergebung, Selbstkritik und Zurückhaltung, Wohltätigkeit und allumfassende Freundlichkeit, Wahrhaftigkeit, Integrität und Respekt vor dem Recht des anderen, häufiges Fasten und tägliche Meditation, Pilgerreisen und Teilen mit Gästen.

Wenn auch für einen gewissenhaften Jain das Befolgen aller Gebote und Vorschriften schon keine einfache Aufgabe darstellt, so sind die Lebensregeln für Mönche und Nonnen geradezu gekennzeichnet von extremer Askese. Sie leben unter strengen Auflagen, die unter anderem ein rücksichtsvolles Gehen und das Tragen eines Tuches über dem Mund vorschreiben, damit selbst kleinste Tiere vor Schaden bewahrt werden können.

All diese verschiedenen Bemühungen jedoch haben als Endziel das Nirvana – oder Moksha. Dieser Zustand bedeutet die Befreiung vom Zyklus des Geborenwerdens, vom Leben, von Schmerzen, Elend und Tod – und ewige Glückseligkeit.

Eine Religion mit hohen Idealen

«Die Lehre von Ahimsa ist Wahrheit.»

Niemals darf ein Jain sein persönliches Streben nach Linderung von Leiden aus den Augen verlieren. Aber es reicht keinesfalls, das eigene Leben nach diesen Geboten zu richten, sondern auch andere sind nach Möglichkeit von negativen Taten abzuhalten.

Da die Heiligkeit allen Lebens die Grundlage des Jain-Glaubens darstellt, darf kein irgendeiner Kreatur zugefügter Schaden hingenommen werden, von wem dieser Frevel auch immer begangen wurde. Das ist heute so und war auch vor Jahrtausenden nicht anders. Schon Mahavira predigte von der «Gemeinschaft von Menschen und allen anderen Tieren».

Der Jainismus ist eine der frühesten Religionen der Welt. Wissenschaftler schätzen das Alter dieser Philosophie auf 2500 Jahre, andere sogar auf 5000 bis 8000 Jahre, was aus deren Anhängern gleichzeitig die erste vegetarische Gruppierung der Welt macht.

Kein Gott wird angebetet, sondern man verehrt vierundzwanzig Weise (Tirthankara) – menschliche Lehrer, die in irdischer Form die grösste Weisheit und höchste Einsicht erreichen konnten. Mahavira (599–527 v. Chr.) war der letzte von ihnen. Geboren als Prinz, verbrachte er später zwölf Jahre in tiefem Schweigen und in Meditation, um seine Wünsche und Begierden zu besiegen. Er fastete während langer Perioden und vermied sorgfältig, lebenden Wesen zu schaden, wobei er selbstverständlich Tiere einschloss, aber auch Pflanzen.

Dieser Weise schuf den Jainismus, und zwar unter Zugrundelegung der Lehren seiner Vorgänger. Und er war es auch, der im Alter von dreissig Jahren allem Besitz, einschliesslich seiner Kleider, entsagte und von dem Moment an nackt als Wanderprediger noch mehrere Jahrzehnte lang umherzog. Dabei lehrte er die Wichtigkeit einer positiven Haltung im Leben, predigte von universeller Liebe und unterstrich, dass alle lebenden Wesen, ganz gleich welcher Grösse, Form oder in welchem Stadium spiritueller Entwicklung, gleichwertig sind und Liebe und Respekt verdienen.

Seine Lehren sind nach wie vor die Grundlage für seine Anhänger und beweisen Weisheit, Umsicht und zeugen von einer geradezu prophetischen Gabe. Wie sonst konnten seine Empfehlungen direkt auf die problematische Situation zielen, in der wir uns heute befinden? Wie konnte er die uns gerade in dieser Zeit verunsichernde ökologische Krise ahnen? Oder sind für uns gerade jetzt besonders wichtige Mahnungen wie «... ein weiser Mann sollte sich nicht an der Erde versündigen oder andere zu solchem Frevel verleiten oder anderen diesen erlauben ...» nichts als ein erstaunlicher Zufall?

Natürlich kann sich selbst eine so kopfstarke Gemeinschaft wie die Jains nicht gegen alles Elend und alle Ungerechtigkeit stemmen, die in der Welt herrschen. Auch sie können nicht das Massaker einer geradezu astronomischen Anzahl von Schlachttieren überall auf der Welt und zu jeder Stunde beenden. Also konzentrieren sie sich auf die ihnen mögliche Linderung von Leiden und suchen nach Wegen für Wiedergutmachung, und eine gründliche Analyse der von Menschen verursachten Schäden hilft bei dieser ihnen, nach eigenem Verständnis, anvertrauten Aufgabe.

Bahubali von Shravanabelagola, auch bekannt unter den Namen Gommata und Gommateshvara. Mit einer Höhe von fast 18 Metern ist dies der höchste Monolith der Welt. Er symbolisiert die Jaina-Ideale von Loslösung und Gewaltfreiheit und wurde gegen Ende des zehnten Jahrhunderts erbaut.

Ewiges Leben, neue Formen

Nach Auffassung der Jains tragen alle Menschen ein göttliches Potential in sich, das durch Befolgen der Lehren der Weisen, durch Reinigung und Disziplin zur wahren und ewigen Bestimmung eines jeden führt. Jedoch ist jede Seele gebunden an ihr individuelles Karma, das auch die Form bestimmt hat, in der sie zu einer gegebenen Zeit wiedergeboren wird.

Die niedrigste Form von Körpern, wie Bäume und Vegetation, besitzt nur den ersten der fünf Sinne (Berührung, Geschmack, Geruch, Sehen und Hören), aber auch sie ist fähig zum Empfinden von Freude und Leid.

Mahavira sagte, dass nur jener, der den durch Zerstörung von Pflanzen angerichteten Frevel und Schaden nachempfinde, fähig sei für den erforderlichen Respekt der Natur gegenüber. Es ist also nicht erstaunlich, dass auch das Fällen von lebenden Bäumen streng verboten ist und sogar Metalle und Steine, da auch sie Leben in sich haben könnten, rücksichtsvoll zu behandeln sind.

Diesen einfacheren Lebensformen folgen die Mikroorganismen und kleinere Tiere mit zwei (Austern und Erdwürmer), drei (Tausendfüssler und Blattwürmer) und vier (Bienen und Fliegen) Sinnen.

Die am höchsten entwickelten Wesen sind nach den Tieren die Menschen, die auch Vernunft und Intuition besitzen und denen daher auch eine enorme moralische Verantwortung untereinander und in ihrer Beziehung mit dem Rest des Universums auferlegt worden ist: Eine ewige Wechselwirkung wird Menschen ihren ethischen Pflichten auf keinen Fall entkommen lassen.

Sicher beinhaltet eine solche Philosophie eine nachdrückliche Aufforderung zur Nächstenliebe, aber man kann sie mit Recht auch gleichzeitig als die Wiege von Umweltschutz und Harmonie mit der Natur bezeichnen. Tatsächlich bedeuten in einem solchen Kontext selbst kleinste Frevel ein sehr ernstes Vergehen.

Um die eigene Seele vor schädlichen Taten zu bewahren und sie von negativen Gedanken zu reinigen, ist von jedem eine aktive Anteilnahme an der täglichen Formung der Welt gefordert. Die Kraft dafür steckt nach der Philosophie der Jains in jedem Menschen, der, so meint man, eine Insel von Bewusstsein in einem Meer von ungestüm wogender Evolution darstellt.

Sie besitzen viel. Sie verschenken viel. Sie sorgen für andere

«Man ist, was man denkt!»

Welch bessere Mitarbeit am gemeinsamen irdischen Zuhause gibt es als die aktive Nächstenliebe? Also gibt die Gemeinschaft vieles von den Reichtümern zurück, die sie erarbeitet hat. In diesem Zusammenhang muss eine erstaunliche Zahl genannt werden: Man schätzt, dass die Jains, die weniger als ein Prozent der indischen Bevölkerung ausmachen, bis zu 50 Prozent aller Sozialausgaben aufbringen! Ausserdem liegt in dieser Gruppe die relative Kriminalitätsrate weit unter der anderer Bevölkerungsanteile – kurz: Die Minorität geniesst Respekt und erfreut sich generell eines beträchtlichen Einflusses im Land.

Jains gründeten viele Schulen, Colleges, Krankenhäuser, Sozialunterkünfte, Herbergen, Waisenhäuser und Not- und Rehabilitationszentren für Behinderte, Alte, Kranke und Benachteiligte. Aber nicht nur um Mitmenschen kümmert man sich.

Als eindrucksvolles Beispiel der Fürsorge auch für Tiere mag das Vogelkrankenhaus in Delhi gelten, das sich direkt im Jain-Tempel gegenüber der historischen Roten Festung befindet und das, stellvertretend für ähnliche Einrichtungen dieser Glau-

Auf dem Schild steht: Jain medical Institute – Free community health post. Dort bekommen alle kostenlose gesundheitliche Betreuung.

bensgemeinschaft, etwas genauer beschrieben werden soll:

Alles hat im Jahre 1929 begonnen. Damals kümmerte sich jedoch nur ein Arzt um die Tiere, und bis 1946 beschränkte sich das «Hospital» noch immer auf einen einzigen Raum. Heute jedoch dehnt sich, dank nicht nachlassender Bemühungen und konsequentem Einsatz, der Schutzkomplex über ein dreistöckiges Gebäude aus, in dem sich Getreidelager, Konferenzräume, eine Isolierstation, Krankenzimmer mit Hunderten kleiner und grosser Käfige für zwitschernde und piepsende Patienten, Unterkünfte für Ärzte und eine Apotheke befinden. In einer separaten orthopädischen Abteilung werden Tiere mit gebrochenen Knochen behandelt; dort erhalten sie Gipsverbände und sogar Krankengymnastik.

Jungvögel hält man getrennt; sie werden durchgehend überwacht und drei- bis viermal täglich handgefüttert. Auch frisch eingelieferte kranke Tiere werden zunächst isoliert, bis sie dann nach gründlicher ärztlicher Untersuchung behandelt und gesund gepflegt werden.

Sprechstunden hält man an sieben Tagen in der Woche während zwölf Stunden ab, aber selbst nachts kann ein dort wachender Mitarbeiter bei

Dharmasthala. Die Annapoorna-Esshalle wurde gebaut, um dreitausend Gäste zu ernähren. Annapoorna ist der Name der Hindugöttin der Nahrung. In der Tradition der grosszügigen Gastfreundschaft, initiiert von ihrem Gründer, ist jeder Pilger ein willkommener Gast – unabhängig von seiner Kaste, Geburt und Kultur. Alle erhalten kostenlose Verköstigung und Unterkunft.

eingelieferten Vögeln erste Hilfe leisten, bis sie dann am nächsten Tag vom diensthabenden Arzt untersucht werden.

Die Statistik sagt aus, dass innerhalb eines Jahres ungefähr 30 000 Vögel der verschiedensten Arten hier stationär behandelt werden, mit zusätzlichen 10 000, die von ihren Besitzern während der Sprechstunden vorgestellt werden. Die Einlieferungen schnellen in der heissen Jahreszeit in die Höhe, wenn viele unter Flüssigkeitsverlust leidende Tiere von mitfühlenden Menschen in die Notaufnahme gebracht werden.

Man kümmert sich mit Hingabe um die kranken Tiere, und zwar unentgeltlich. Offizielle Hilfe gibt es nicht, und die gesamte Einrichtung beruht ausschliesslich auf der Basis freiwilliger Spenden: Ein enormer Bedarf an finanziellen Mitteln wird immer zuverlässig von vielen Einzelpersonen gedeckt.

Nicht nur in der Hauptstadt, sondern auch im Land und weltweit bewundert man dieses System wirksamer Uneigennützigkeit. Diese wunderbare Einrichtung präsentiert die Verkörperung eines entschlossenen guten Willens von vielen Menschen der verschiedensten sozialen Schichten und Einkommensgruppen, den Jains!

Die hintere Terrasse des Bahubali-Tempels und die 8,5 Meter hohe Bahubali-Statue. Der Gebäudekomplex, welcher hauptsächlich als Ausbildungsstätte dient (und für alle Religionsangehörigen und Kasten offen steht), liegt 20 km östlich von Kohlapur in Maharashtra.

Leben und leben lassen!

«Die Idee von Gewaltlosigkeit ist makellos, unwandelbar und ewig.»

Die Weisen haben gesagt, dass ab einem bestimmten Niveau Wohlstand überflüssig und schädlich werden könne und dann zum allgemeinen Nutzen zu verwalten sei. So sind also die steinreichen Diamantenhändler wohl stolz auf ihren Erfolg, aber nicht minder auf ihre Wohltätigkeit. Die Jains in Antwerpen stellten ihre Grosszügigkeit ganz besonders eindrucksvoll nach dem Erdbeben in Indien im Jahre 2001 unter Beweis, als sie Spenden in Rekordhöhe in ihre verwüstete Heimat überwiesen.

In einer Welt zunehmender Gier und daraus resultierender grassierender Rücksichtslosigkeit ist es die Forderung nach Ahimsa, die zu einer so eindrucksvollen Wohltätigkeit führt. Mitgefühl und Respekt vor dem Leben gelten nämlich nicht nur als wichtigste Voraussetzungen auf der persönlichen Suche nach Frieden, Harmonie und Ehrlichkeit, sondern bil-

Zwei Brahmacharis von der lokalen spirituellen Schule (Gurukula) und eine Kindergruppe haben sich im Hof des Sharavanabelagola Mangayi Basti versammelt, um eine Hymne zur Lobpreisung von Bahubali zu singen.

den auch die Grundlage jeder menschlichen Symbiose mit Tieren und der Natur.

Es gibt nicht die allergeringsten Unklarheiten in den von Jain-Weisen ausgesprochenen Geboten: Streng untersagt sind Verletzung, Missbrauch, Unterdrückung, Versklavung, Beleidigung, Folterung oder gar Tötung von Mitgeschöpfen.

Nicht viele Jain-Familien halten einen Hund oder eine Katze, denn Tiere sind nach ihrer Auffassung nicht einzusperren! Ausserdem würde ein Jain auch nie Fleisch als Futter besorgen. Sogar Süssigkeiten in Tierform werden nicht gegessen.

Einen Haupteinfluss hat die Forderung nach Gewaltlosigkeit auf die Ernährung! Das Töten, entweder als «Sport» wie bei der Jagd oder als Mittel der Nahrungsbeschaffung, ist schlicht undenkbar. Fleisch, Fisch und Eier sind streng verboten!

Um dem Gebot nach Gewaltlosigkeit im allerweitesten Umfang nachkommen zu können, sind auch nur bestimmte Sorten von Obst und Gemüse erlaubt. Doch selbst da gibt es noch Nuancen, denn Baumobst sollte vorzugsweise geerntet werden im reifen Zustand und am besten dann, wenn es schon auf den Boden gefallen ist. So darf die Banane zwar gegessen werden, aber der Bananenbaum muss durch den Pflückvorgang unbeschädigt und intakt bleiben. Unterirdisch wachsende Pflanzen, wie zum Beispiel Kartoffeln und Karotten, sind zu vermeiden, da bei deren Ernte nicht nur Tiere zu Schaden kommen könnten, sondern auch gleichzeitig die Pflanze selbst zerstört würde.

Zum geforderten Leben von Mässigung und Zurückhaltung gehört auch, dass nach Sonnenuntergang möglichst nicht mehr gekocht oder gegessen werden sollte. Regelmässige Fastenperioden sind vorgeschrieben.

Überhaupt ist keine Gabe der Natur über den dringendsten Bedarf hinaus zu nutzen; Verschwendung wird als Missbrauch oder sogar als eine Art von Diebstahl beurteilt. Ausserdem führt übermässiger Konsum zu Umweltverschmutzung, die ganz eindeutig als ein verwerflicher Akt der Gewalt gilt.

Uralte Weisheiten zeigen den Weg

«Wahrheit und Gewaltlosigkeit sind so alt wie die Berge.»
Mahatma Gandhi

Die viele tausend Jahre alten Forderungen nach Gewaltlosigkeit erscheinen auch in buddhistischen und Hindu-Schriften. Diese Idee kann wohl als ein gemeinsames spirituelles Erbe der Menschheit gelten, das sich durch viele Denkrichtungen zieht – und doch so schwer in die Praxis umzusetzen ist.

Die Jains geben ein leuchtendes Beispiel, indem sie den Respekt für das Leben anderer Geschöpfe als Weg zum eigenen guten Leben wählen! Sie schaffen es in eindrucksvoller Weise, ihren Glauben weitmöglichst zu realisieren, bei gleichzeitiger Aufgeschlossenheit den Bedürfnissen des Alltags gegenüber – zum Wohl aller.

Dass eine derartige Philosophie der Gewaltlosigkeit sogar unüberwindlich Scheinendes wegschmelzen kann, hat auf eindrucksvollste Weise Mahatma Gandhi gezeigt, der Ahimsa als Kern seiner ganz persönlichen Lebensphilosophie bezeichnete. In diesem Zusammenhang ist es interessant zu erwähnen, dass dieser Hindu, dessen gewaltfreie Aktionen die Welt verändern konnten, von einem Jain-Mönch unterrichtet worden ist.

Kapitel 3:

Auf der Suche nach Harmonie

Man darf träumen! Das tut gut und ausserdem hat diese Art von geistiger Kreativität nach Aussage vieler Forscher durchaus positive gesundheitliche Auswirkungen. Durch eine Verbindung vom Angenehmen mit dem Günstigen lässt sich ein geheimer Phantasiegarten schaffen, der Zuflucht bietet an regnerischen Lebenstagen. Dort darf man, wenn die Wirklichkeit zu anstrengend wird und man sie nicht mehr ansehen mag, einen in der Realität nicht sichtbaren, klaren Himmel, fabelhafte Formen und spektakuläre Farben bewundern, den mit einem Lamm spielenden Löwen beobachten und jenen auserwählten Menschen zulächeln, die Zutritt haben in diese sonst eifersüchtig gehütete Gedankenwelt. Stundenlang kann man sich darin aufhalten und in Ruhe und Frieden wieder den Atem finden, der einem im Lebens- und Konkurrenzkampf abhanden gekommen ist. Aber selbst wenn man sich während langer Perioden so treiben lässt oder sogar auch einen kompletten Urlaub für diese Auszeit reserviert, irgendwann ist der Rücksturz in die Realität vorprogrammiert. Ade, Utopia! Da bin ich wieder, Alltag!

Und wie ist er, dieser Alltag? Wenn er auch für jeden Erdenbürger einen ganz individuellen Aspekt hat, nämlich mehr oder weniger komfortabel, voller Luxus oder lebensbedrohender Entbehrungen, angefüllt mit Hoffnung oder Verzweiflung, so ist doch jedermann direkt oder indirekt einer Umwelt ausgesetzt, in der sich Gewalt, Ungerechtigkeit und Zerstörung trotz überall zunehmender Anstrengungen nicht eingrenzen zu lassen scheinen.

Man muss zugeben, dass die Bemühungen um Frieden, Menschenrechte und Gerechtigkeit überall in der Welt an Intensität und Dringlichkeit zunehmen. Wir alle sehnen eine neue Welt herbei mit weniger Leid und Not, aber ein wirklicher Durchbruch ist trotzdem noch nirgendwo in Sicht. Hat man die Probleme in einem Krisengebiet halbwegs eingedämmt, brechen neue Konflikte in einer anderen Weltregion mit blutiger Wucht auf. All die Bemühungen von Forschern, Wissenschaftlern, Militärs, Instituten, Organisationen, Diplomaten und Regierungen haben offensichtlich nicht mehr Wirkung als die des entsetzten Fernsehzuschauers, der während der Nachrichten seine Frau ansieht und ihr die Frage stellt, auf die weder sie noch irgendjemand sonst eine Antwort weiss: «Warum nur tun Menschen das?» – Ja, warum?

Sagt man nicht, dass mit jeder schlechten Aktion auch die Gesamtheit ein bisschen schlechter wird? Und umgekehrt, dass keine gute Tat je verloren geht? Aber das sind theoretische Überlegungen, die man glauben mag oder nicht. Jeder wird sich seine eigene Meinung dazu genauso bilden, wie er sich ja auch seine eigene spirituelle Heimat wählt.

Aber es gibt auch praktische Erwägungen in dem Zusammenhang, denn schliesslich haben die Bishnois gezeigt, dass eine fürsorgliche und rücksichtsvolle Gedankenbasis durchaus handfeste, positive Folgen mit sich bringen kann, die in Krisensituationen sogar lebensrettend sein können.

Jeder weiss, dass Wüstengebiete mit dem Garten Eden nichts gemeinsam haben. Und es ist auch ohne detaillierte Beschreibung einsehbar, wie kritisch sich das Überleben in solch harschen Gebieten in Zeiten von klimatischen Katastrophen, vor allem Dürre, darstellen kann. Diese besonderen Wüstenbewohner haben aber ihr Lebensumfeld angenommen, sich ihm aufmerksam gewidmet, mit ihm und den darin lebenden Wesen Frieden geschlossen und profitieren nun von der so entstandenen Harmonie in einer Weise, die ihnen ein Weitermachen auch in schwierigsten Zeiten zuverlässig ermöglicht hat.

Mag diese Art eines mühsamen Alltags uns auch hart und wenig wünschenswert erscheinen, so darf aber nicht vergessen werden, dass diese Menschen sich einen Kontakt zur Natur und ihren Schwingungen erhalten haben, den wir nicht mehr empfinden. Nie durften wir dieses Gefühl von Einheit kennen lernen, das ein sich uns freiwillig und zutraulich näherndes «wildes» Tier mit sich bringt.

Es wäre ein Fehler, die Bishnois zu idealisieren oder deren Art zu leben als allgemein gültiges Beispiel anzupreisen. Auch sie sind nur Menschen und plagen sich mit ihren Schwächen herum, genau wie wir anderen, in welcher speziellen Lebenssituation wir auch immer stecken mögen. Aber sie zeigen auch, dass ein sorgsamer Umgang mit der Natur nicht nur machbar ist, sondern sogar die Früchte trägt, auf die der Appetit in der Welt täglich wächst: Harmonie!

Der sorgsame Umgang der Bishnois nicht nur mit Tieren, sondern auch mit Bäumen könnte helfen bei der Erhaltung unserer Wälder, deren Schutzbedürfnis von Jahr zu Jahr wächst: Nach offiziellen Quellen ist die Abholzung des tropischen Regenwalds in Brasilien im Jahre 2000 sprunghaft angestiegen. Es wurde eine Fläche in Rekordgrösse kahl geschlagen. Durch Satellitenaufnahmen lässt sich belegen, dass im Jahr 2000 mehr als ein halbes Prozent (20 000 Quadratkilometer) des gesamten Regenwaldes, dessen grösster Teil in Brasilien liegt, aber auch in den Nachbarstaaten Venezuela und Kolumbien, zerstört worden ist.

Wir sollten in unserem eigenen Interesse nicht den Ast absägen, auf dem wir schliesslich alle gemeinsam sitzen! Das Zerstören der grünen Lungen der Erde muss aufhören, wenn wir nicht einen gefährlich hohen Preis für unsere Unvorsichtigkeit zahlen wollen: ein zunehmend lebensfeindlicheres Klima.

Aber: Die Gefahr ist durchaus bekannt! Wie unendlich viele Mahnungen sind inzwischen schon ungehört verhallt! Das Abholzen geht trotzdem unvermindert weiter. So werden von ratternden Kettensägen, und zwar in grossem Massstab, überall in den Wäldern innerhalb weniger Minuten lebende Organismen zerstört, die Jahre (wenn nicht Jahrhunderte!) benötigt hatten zum Erreichen ihrer aktuellen Grösse und Stärke. Vielleicht sollte man tatsächlich den Rat der Baumbesetzerin Julia Butterfly befolgen, nach dem jeder Fäller erst mal einige Jahre in einem Baumgipfel leben muss, bevor er den Baum zerstören darf. Oder man lässt sich einfach von den Bishnois leiten, deren Dankbarkeit für die Segnungen von Bäumen einen Respekt mit sich brachte, der keinerlei Vernichtung mehr zulässt.

Auch die Rücksicht der Jains auf unsere nichtmenschlichen Mitgeschöpfe ist nachahmenswert, denn die ökologischen Schäden einer immer extremer werdenden Schlachtviehzucht werden überall in der Welt in einer geradezu dramatischen Weise demonstriert. Dazu ist anzumerken, dass in der Schweiz, wie in einigen anderen Ländern auch, der Fleischverzehr den Brotkonsum mengenmässig schon überholt hat. Immer mehr Tiere werden produziert, wie am Fliessband sozusagen!

Die wahrhaftig dramatischen Konsequenzen dieser «Produktionstechniken» hat uns die Natur gerade überdeutlich demonstriert und durch fackelnde Kadaverberge der durch Rinderwahnsinn und andere Seuchen zugrunde gerichteten Tiere erhellt. Dadurch wird auch dem Dickfelligsten und Profitgierigsten klar gemacht, dass es so einfach nicht weitergehen kann. Schliesslich sind auch die so genannten Nutztiere hochentwickelte Lebewesen mit einem Anspruch auf schonende Behandlung und Würde, den wir besser erfüllen sollten, und zwar nicht nur ausschliesslich im Interesse der Tiere! Wir alle haben doch nun gesehen, dass die Natur zwar unendlich geduldig, aber nicht unendlich manipulierbar ist!

Ist es wirklich nötig, dass in einem Land wie Belgien mit nur 10 Millionen Einwohnern in einem einzigen Jahr die unglaubliche Menge von 11 Millionen Schweinen geschlachtet wird und dazu noch eine Million Rinder und Kälber? Wenn man noch anderes Schlachtvieh und Geflügel dazurechnet, kommt man auf ein geradezu astronomisch anmutendes Ergebnis von 225 Millionen geschlachteter Tiere im Jahr 1998. Und dies betrifft nur ein einzelnes Land! Eine Hochrechnung auf Weltniveau zeigt ein Ausmass des Blutbades, das wir Menschen Jahr für Jahr mit der grössten

Selbstverständlichkeit und ohne irgendwelche Gewissensbisse verursachen.

Aber es geht doch auch anders! Die Jains leben, so sagt man, schon seit Jahrtausenden ohne Fleisch. Sie zeigen sich uns als eine solide, blühende und wohlhabende Gemeinschaft, die viel zu geben hat und viel gibt. Auch für sie hat Rücksichtnahme der Natur gegenüber ein sozial eindrucksvolles Ergebnis mit sich gebracht und beweist, dass Zurückhaltung nicht gleichzusetzen ist mit grauer Askese und verbissener Weltflucht. Ein gutes, erfolgreiches Leben und praktizierte Liebe zu allem Lebenden schliessen einander keinesfalls aus – für den eindrucksvollen Beweis dieser These allein ist allen Jains zu danken.

Zudem dürfen wir dankbar sein für ihr Zeugnis, dass ein schon seit grauer Vorzeit gepflegter Respekt gleichzeitig mit der Schonung von Tieren auch mehr Rücksichtnahme Menschen gegenüber mit sich bringt, nämlich eine spürbare Minderung von Aggressivität. Wenn nämlich durch Brutalität und unkontrolliertes Machtstreben eine Gemeinschaft negativ beeinflusst wird, so stimmt dies im umgekehrten Fall genauso: Auch friedliche Tendenzen werden durch mehr Frieden noch verstärkt. Man muss nur erst einmal anfangen und den ersten Schritt wagen. Und dafür ist es ja bekanntlich nie zu spät.

Als wir die Idee hatten, ein Buch über vegetarisch lebende Gemeinschaften zu schreiben, wussten wir noch nicht, dass wir diese hauptsächlich in Indien finden würden. Es war ursprünglich keineswegs unsere Absicht gewesen, uns auf dieses Land zu konzentrieren, aber unsere Recherchen zogen uns ziemlich schnell in diesen von uns weit entfernten Teil der Welt.

Es gibt zwar auch in anderen Gebieten Gruppierungen, die traditionell ohne Fleisch leben, doch sind diejenigen in Indien am ältesten und grössten. Vielleicht ergibt sich einmal ein weiteres Buchprojekt, in dem alle vegetarischen Richtungen in der restlichen Welt aufgezeigt werden. Wir wären dankbar über eine Nachricht, wo überall diese zu finden sind, denn wir glauben ganz fest mit Leonardo da Vinci, dass der Tag kommen wird, an dem das Töten eines Tieres genauso als Verbrechen betrachtet werden wird wie das Töten eines Menschen. Auf diesen Augenblick darf man sich ja freuen, auch wenn er bisher nur in der Phantasie «Realität» geworden ist.

Anhang

Bishnoi

Ein weiteres Buch über die Bishnois:
Hans-Jürgen Otte: «Menschen die sterben um Bäume und Tiere zu retten». Bishnoi-Verlag, 1992, ISBN 3-9803020-0-8. Das Buch ist auch im Internet als Volltext nachzulesen: www.vegetarismus.ch/bishnoi/otte/index.htm

Jaina

Kontaktadressen:

Jain Association International (Germany) e.V.
Schweriner Str. 5, D-24558 Henstedt-Ulzburg
Tel. +49 (0)4193-968360, Fax +49 (0)4193-968361
E-Mail: ajitbenadi@nikocity.de
www.jain-germany.de

Jain Association International ist ein gemeinnütziger Verein.
Zweck des Vereins ist die Verbreitung, Pflege und Förderung des Gedankengutes der Jaina-Philosophie und damit insbesondere
- der Gewaltlosigkeit
- der Wertschätzung des Lebens in allen Formen
- der Toleranz zwischen Religionen und Philosophien.

Die Gesellschaft verfolgt dieses Ziel hauptsächlich in drei Schwerpunktbereichen:

1) Auf internationaler Ebene durch Kontaktpflege und Zusammenarbeit mit anderen Organisationen, die gleichartige Ziele verfolgen.
2) In Deutschland durch Erstellen und Verbreiten von Materialien in Wort, Schrift und Bild, die das Gedankengut der Jaina-Philosophie zum Inhalt haben, und die Durchführung öffentlicher Veranstaltungen kultureller Art oder sonstigen informativen Inhalts.
3) Im Ursprungsland des Jainismus – Indien – durch Zusammenarbeit mit und Förderung von Organisationen und Exponaten des Jainismus.

Mitglieder können alle volljährigen, natürlichen Personen werden, die den Vereinszweck fördern wollen. Sie sind herzlich eingeladen, Mitglied zu werden. Mitgliedsbeitrag: DM 50,– jährlich.

Federation of Jains Associations in North America (JAINA)
JAINA Headquarters, P.O. Box 700, Getzville, NY 14068, USA
Tel./Fax +1 716 636-5342, Mo.–Fr. von 14 bis 17 Uhr
E-Mail: jainahq@aol.com
www.jaina.org

Bücher über die Jaina:

- Kurt Titze: *Keine Gewalt gegen Mensch, Tier, Pflanze – Worte des Furtbereiters Mahavira.* Verlag Clemens Zerling, 1993, ISBN 3-88468-054-4.
- Kurt Titze: *JAINSIM – A Pictorial Guide to the Religion of Non-Violence.* Motilal Banarsidass Publishers Private Lim., 1998, ISBN 81-208-1534-3.

Vegetarismus

Schweizerische Vereinigung für Vegetarismus (SVV), CH-9466 Sennwald
Tel. +41 (0)81 757 15 86, Fax +41 (0)81 757 28 19
E-Mail: svv@vegetarismus.ch
www.vegetarismus.ch

Asian Vegetarian Union
Jashu Shah, President, 114-A, Mittal Court, Nariman Point,
Mumbai 400 021, India; Tel. +91 22 285 5755/56 oder 285 3592/93
Fax +91 22 284 5040; E-Mail: asia@ivu.org
www.ivu.org/avu/

European Vegetarian Union (EVU)
www.european-vegetarian.org   E-Mail: evu@ivu.org

International Vegetarian Union (IVU)
www.ivu.org   E-Mail: secretary@ivu.org

Internetadresse zu diesem Buch

Alle hier aufgeführten Internetadressen und weiterführende Links finden Sie stets aktuell auch auf der Internetseite zu diesem Buch:

`www.vegetarismus.ch/verlag/BishnoiJains/`